誰とでもどこでも働ける
最強の仕事術

山葉隆久
YAMAHA Takahisa

自由国民社

はじめに

２０１１年、この年は未曾有の大災害が起きた年です。

３月に東日本大震災が、10月から12月にかけてタイで大洪水がありました。

この年、私はローム株式会社で生産部門の最高責任者（常務取締役生産統括本部長）の立場でした。

当時ロームは、国内に９工場、海外に７工場を展開しており、東日本大震災では宮城県と茨城県の工場が被災し復旧に２か月を要しました。

また、タイの洪水では２工場が被災し復旧に３か月を要しました。

いずれも全社の対策本部長として、本社のある京都から復旧支援とサプライチェーンの回復にあたりました。

企業は自然災害やパンデミック等の危機的状況に備えて事業継続計画（ＢＣＰ）を作成しています。

当然、ロームも拠点（工場、事業所）毎にＢＣＰを作成しており、都度更新をしていました。

東日本大震災後にも見直しました。拠点毎に想定されるリスクの見直しから始めます。

タイの工場でもその作業をしたのですが、想定できたリスクは落雷による停電と政情不安による物流停止で、洪水は上がりませんでした。

それは、２０１１年の洪水が50年ぶりの規模であったのと、工業団地が出来てからは洪水被害が無かったため、洪水そのものを想定できなかったからです。

タイの大洪水のあとにも同様に全拠点でＢＣＰを見直しました。

その時に、２０２０年から始まる新型コロナのパンデミックを想定できませんでした。

当時の私の心の中を正直に書きますと、パンデミックで何が起きるのか分からないから対策もできない。

だから上げないでおこう。

こんな思いでした。

このようにリスクを想定する機会があっても、リスクを十分に想定できないことはあります。

それは、過去の実績や経験をもとに想定するからです。

過去の経験を越えて想定すると、対策が広範になり過ぎて現実的でなくなる側面があります。

「想定外」という言葉が使われ続ける所以だと思います。


同じように自分の会社の将来予測も難しいですね。

将来予測といっても、今までの経験の延長線上でしか考えられませんから。

入社以来、業績の変動はあったものの、将来の不安を感じることが無ければ、まずは今の事業計画通りに推移するだろうと考えます。

計画に対して上振れや下振れはあるでしょう。

でも破綻はない。その先も同様です。


自分の会社は大丈夫だ。

「今のまま働き続けられる」と考えている人は意外と多いのではないでしょうか。

そう考える方々に、「あなたの会社がいつまでも安泰である保証はないですよ」と言っても伝わらないでしょう。

新聞、雑誌、書籍やネットニュースで、M&A、早期退職や黒字リストラの記事が溢れても、それらは他人事で自分事として捉えられないでしょう。

そういうものだと思います。

たまたま私は、在籍していた会社の事業の売却に伴って「職場が無くなる」という珍しい経験をしました。

それゆえに、「会社がいつまでも安泰なんてことはない」という感覚を持つに至りました。

多くの人にも気付いて欲しいですし、「万一の時に備えて準備しておくと良いですよ」と伝えたいと思っています。

ただ、ほとんどのビジネスパーソンは、「万一の時」を実感できませんから、「万一の時」に備えた準備をするきっかけがありません。

そこで、視点を変えて提案します。

「どこでも求められる人」になることです。

「どこでも」というのは、今の職場も含まれます。

「求められる人」とは様々な要素がありますが、所謂「優秀な人」です。

俗に言う「できる人」です。

将来安泰であるとか、万一の時に備えるとかではなく、今から「どこでも求められる人」「できる人」になっておくことを提案します。

そうすれば、万一の時でも、働き続けることに困らないと考えられるからです。

私は6社に在籍しました。

いずれも製造業です。

役員も経験しましたので、会社員の全階層を経験しました。

買収もされましたし、買収もしました。

売上50億円規模の会社にも在籍していましたし、売上5000億円規模の会社にも在籍しました。

これら在籍した6社とそこに繋がる関連会社の方々。

アライアンスを組んで一緒に仕事をした方々。

取引先の方々。

非常に多くのビジネスパーソンと仕事をしてきました。

そこで出会った方々の中には、「他社でもやっていけるな」「どこの会社でも通用するな」という方がいらっしゃいました。

役職やステータスは関係ありませんでした。

6社で様々なステージを経験した私だからこそ、若手からシニア、現場担当者から管理職まで、仕事ができる人と直に接することができたのです。

今でも、お名前やお顔が浮かびます。そして、100人は優に超えます。

それらの方々は、周りの人から「優秀だ」とか「できる」と評価されていました。

「優秀」「仕事ができる」という人の考え方や振る舞い、仕事の進め方には、共通するものがあります。

それを、本書では、「限られた時間で最大の成果を上げるスキル」と表現しますが、端的に言えば生産性の高い働き方です。

このスキルを真似ればどなたでも効果が現れます。

ところで、「どこでも求められる人」と聞いて、専門技術を持った人をイメージされましたか？

残念ながら、一つの専門技術だけで人生を支えることは難しいです。

専門スキルや専門知識を持つことは大事ですが、その専門スキルが技術の進歩と共に誰でも扱える汎用的な技術になってしまうことも多いです。

それゆえに、ある特定のスキルを決めて身に付けるよりも、必要な専門スキルを、必要になった時に短期間に身に付けるのが効率的です。

それからもう一つ。

会社員は事業会社の構成員ですから、会社の数字を読めることが望ましいです。

投資家なら投資している会社が公表する財務諸表は読めるでしょう。

もちろんそれも大事ですが、社内で使う会計の数字を理解して事業の舵を握ることこそがより大事です。

それは何か？　それは管理会計です。

これは社内の管理職か上級管理職が理解すれば良いと考えていたらもったいないです。

担当者であってもそれを読めたらその人は強いです。


本書は序章から終章まで6章構成となっています。

現在、日本の働く環境が大きく変わっています。

多くの会社の定年は60歳ですが、65歳まで働ける仕組みが整備され、多くの方が65歳まで働いています。

数年の内には70歳まで働ける仕組みが整備され、70歳まで働く人が増えていくでしょう。

55歳前後に役職定年があるとしたら、70歳までの15年間をどのように働くか、こういう問いが会社員全員に投げかけられています。

この現状を公的機関のデータを使って俯瞰し、生産性の高い働き方を続けるための考え方を1章に整理しました。

そして、「どこでも求められる人」「できる人」「生産性の高い人」に近づくためのスキルを2章で、普段の振る舞いや考え方を3章で紹介します。

4章では、人生100年時代と言われるこれからの時代、どのような働き方があるのかを考察しました。

本書は教科書です。

業務の生産性向上を常に試しているビジネスパーソンや、チームの生産性向上を試行錯誤している管理職の皆さんには、真似てみたいことが見つかるはずです。

特に2章と3章の事例を実践して効果を実感してください。

私が体感したことが皆さんに伝わって、皆さんの生産性が上がることを期待し楽しみにしています。

また、ビジネスパーソンのゴールを意識される皆さんには、どのような働き方があるのかを4章で知ることができます。

いかに働くか、いかに生きていくかを考える時の一助となれば幸いです。

さらに、将来への漠然とした不安を持っている会社員は多いと思います。そのような多くの会社員の皆さまには、本書を通して、その不安を軽くしていただけると信じています。

誰とでもどこででも働ける　最強の仕事術　目次

第1章

生産性の高い働き方を磨き続けるマインド10か条

045

第3章 日々の習慣を見直して生産性を上げる7つのルール

第4章 働ける内は働きたい！ 将来の選択肢を増やす6つの考え方

序 章

買収されて分かった「できる」人の働き方

突然、職場が無くなった。そして、買収された

M&Aのニュースを見聞きする機会が多くなりました。

M&Aとは、Mergers（合併）and Acquisitions（買収）の略で、複数の企業を統合する合併と経営権を買い取る買収を指す言葉です。2022年度中小企業白書（レコフ社のデータ https://www.recof.co.jp/crossborder/jp/market_information/）によりますと、2021年のM&Aの件数は4280件と過去最高を記録しています。

これだけの件数になりますと、あなたの身近でM&Aがあっても不思議ではありません。

1999年、ヤマハ株式会社の私の職場は突然無くなりました。

その時の話から始めたいと思います。

スマホはまだ世の中に存在していなくて、「ガラケー」と呼ばれる携帯電話が普及していました。

そのガラケーで着メロが流行りましたね。

最初は単音でしたが、４和音になり16和音と、臨場感が増したことを覚えていると思います。

この着メロの音を発生させる半導体部品　ＦＭ音源ＬＳＩを作っていたのがヤマハでした。

元々シンセサイザー向けに開発した技術を展開したので、ヤマハが高いシェアを持っていたのです。

そして、私は、この音源ＬＳＩを製造販売する半導体事業部に所属していました。

１９９０年代のことです。

半導体事業部の売上規模はおよそ４００億円。

私が所属した開発部では、プロセス開発が順調に進み、それらを使った新製品が事業部の売り上げに貢献をしていました。

私の研究開発業務も概ね順調でした。

1992年に論文採択率が30％と狭き門のIEEE（米国電気電子学会）で、投稿論文が採択され口頭発表をしました。

ヤマハでは初めてのことでした。

その後も、新しい知見を特許や論文にして、1998年に出身の東北大学で工学博士号を取得しました。指導教官は、東芝でフラッシュメモリーを発明開発し、東北大学に着任されたばかりの舛岡富士雄教授（現名誉教授）でした。

ヤマハの半導体事業は増収・増益を継続し、現有の6インチ工場が手狭になったのを機に、8インチ工場を新設することになりました。

東海道新幹線沿い、浜松駅から東3㎞に位置する天竜工場です。

ピアノの貯木場を埋め立て、日本初の免振構造の半導体工場を建設しました。投資総額200億円強。これが大きな転換点になりました。

私たち開発部隊は、1999年に量産を開始すべく一丸となって実験試作を繰り返していました。

そんな1999年3月某日のことです。15時に大会議室に全員集まるように連絡がありました。

「量産開始の日程が正式に決まったのかな」と軽い気持ちで参加しました。

そうしたら、普段は工場に顔を出さない事業部長が現れて、話し始めました。

「皆さんの努力のおかげでほぼ予定通り工場は立ち上がっています。しかし、生産するモノが無い。黒字化の目途が立たない。……2000年3月末をもって、天竜工場を閉鎖することに決めました」

（はっ!? 何を話しているの?? 生産するモノが無いとは、現有工場の生産能力で足りるから新工場は要らないということ。ちょっと待って。一体、誰が、どんな計画で200億円も投資したの）

「……この工場を使ってくれる会社を探しますが、見つからなかったら閉鎖……」

覇気の無い短い話が終わりました。

腹立たしさから、堪らず質問しました。

「工場を買ってくれる会社が現れたら存続するのですか」

事業部長の答えは、

「そうなるのがベスト。そうなるように努力する」

その日は、試作品の評価を中断して定時に帰宅しました。


職場が無くなる。

ヤマハ本体に戻っても、今までやってきた半導体の仕事は無い。

閉鎖まで1年あるから、博士号も取得したし、転職できるだろう。

勤め人をしていると、いつまた同じようなことがあるかもしれない。

いっそのこと、何か資格を取って独立するか。

思いが巡りました。


次の日に副事業部長に呼ばれて、こういう時こそ落ち着いて、皆の模範となるように行動して欲しいと諭されました。

継続するのが当たり前としていた職場が突然無くなるのですから、誰もが不安です。

「何か情報があるのではないか」と休憩室に集まる人数が増えました。

「今日は台湾の会社が来るらしい。次は、国内のA社が来るらしい」等と何とも頼りない情報が駆け巡り、皆のやり場のない思いは、このような事態を招いた当時の経営陣に向かっていました。

私は、昼間は開発業務をしていましたが、先が定まらない状況での開発には力が入らないものです。納期への意識は消えていました。

実は、将来の独立を想定した資格取得か、開発の仕事を継続するための転職に、進む道を変えることにしたのです。

目指す資格は弁理士。

通信講座で受験勉強を開始しました。

転職市場は限られたものでしたので、業界誌の転職情報をチェックする程度です。面談に至った会社は1社だけでした。

工場閉鎖発表からおよそ2か月が経った1999年5月某日。

朝刊を見ていると、「ロームがヤマハの天竜半導体工場買収」の見出しが目に入りました。

私は、「工場を買ってくれる会社が現れたので、工場は存続する」と、開発の仕事を継続できる可能性に期待しました。

結局、国内外7社から問い合わせがあり、即断即決したロームが、新聞記事通り私たちの職場（工場）を買収しました。

買収した会社は、全く異なる仕事の進め方をする会社であった

その後すぐ6月には、買収された現実に直面することになります。
対象は、新工場の立ち上げに関わっていた製造部と開発部の社員。
総勢100人強が、進路の2択を突き付けられました。

① ヤマハ株式会社の半導体間接部門か半導体事業部以外の部署に異動
② ロームの子会社となった今の職場、ローム浜松株式会社に転籍

私が所属していた開発部は、40人程の人員でした。
選択肢①を選んだ人が約30人、選択肢②を選んだ人が約10人でした。
浜松でのヤマハの企業ブランドは絶大ですし、元々音楽や楽器が好きでヤマハに入社し

た人にはヤマハを離れる選択肢は無かったようです。

さらに、ローム浜松は東証一部（現東証プライム）上場企業ではありません。

その立ち位置に不安を持った人は多かったと思います。

開発部長が①を選択しましたので、サブリーダーの一人であった私が開発リーダー（技術課長）に指名されました。


10月1日、ローム浜松の創業日です。

いよいよ新体制での業務が始まりました。

社風の違いは、それまでの準備期間に十分感じていましたが、企業風土・組織文化、異なる仕事の進め方に戸惑う日がここから始まりました。


ローム浜松の現場運営は、ローム本社から幹部が乗り込むことはなく、旧ヤマハのメンバーに委ねられました。

ローム浜松の製造ラインを主に使うことになるＶＬＳＩ製造部（当時）が責任部署になって、製造部長の方針に沿った運営となりました。

まず、私の開発部。

当時の開発テーマは、0・25ミクロンCMOSの製造ライン開発でした。

「転職したらまず成果を挙げて認めてもらうこと」これは、私がヤマハに入社する時に、仲介会社のエージェントからいただいたメッセージです。

ヤマハにはヤマハから誘われて入社したのですが、そのような立場であっても、まずはお手並み拝見でした。

今回は転職ではないですが、ローム浜松の全員がロームからお手並み拝見されました。逆に、ローム浜松の実力を見てもらおうと力が入りました。

ロームは一世代前の0・35ミクロンCMOSの立ち上げに苦労していました。

ここで、我々が0・25ミクロンCMOSを立ち上げれば、本社に先行することになる。そんな読みもありました。

しかし、それまで40人で取り組んでいたのが10人に減ったのですから、同じ開発納期で仕上げることは常識的に不可能でした。

ロームの判断は、「半数の20人で開発せよ」でした。

同じ開発納期を40人でなく20人で仕上げるということは、生産性が2倍になるということです。

まずは、ローム本社から4人の精鋭エンジニアに来ていただきました。

さらに、ローム浜松社内で製造部から4人のエンジニアを異動させました。

それから、実験の助手でパートさんを2人採用しました。

パートさんの一人は、元東芝のエンジニア。

ご主人の転勤で磐田に引っ越されていました。もう一人は、ごく普通の主婦の方。

この方が器用で、電子顕微鏡（SEM）の試料作りから観察までを一人でこなしてくれました。

こうして、精鋭20人で開発を再開しました。

連日の深夜残業となりました。

一人当たりの作業量が2倍になるのですから必然です。

しかし、深夜残業や休日出勤を続けてもやり切れません。

結果として、優先度の低い仕事には手が回らなくなります。

最初は、やらないことに不安がありましたが、やらなくても結果に影響しないことが分かると、不安なく切り捨てることができました。

これは生産性を上げる時、非常に有効な手法です。


効果的であったのは、次のことでした。

① 実験試作の数が開発期間に比例しますので、実験試作を半減しました。それまで、実験条件振りは担当者毎の判断に任せられていました。それを全員で決めるようにしました。一つの実験試作に25の独立した条件を盛り込めるのですが、そこに乗せたい条件を出し合って、優先度が高い項目から選ぶようにしました。やるまでもない実験や根拠の乏しい実験、個人の興味程度の実験は削りました。

② 3つのグループ毎に、朝礼、夕礼、時に昼礼で、次にすべきことと進捗をメンバーで共有しました。ホワイトボードに書き出すようにしたので、リーダーの私は、それらを見てコメントしたり議論できます。それに、書いたことがそのまま備忘録になりました。打合わせを設定する必要も無くなりました。

③ 実験レポートを論文のように仕上げるのを止めて、結果・考察・次にやることに絞り

ました。

実は、いずれもローム本社がやっていたことを真似て取り入れたのです。

パーキンソンの第一法則に、「仕事の量は、完成のために与えられた時間を全て満たすまで膨張する」があります。

私が経験したのは、これを逆手に取った方法でした。

同じ組織に居ると気付かないことです。

あるいは、非常に強い意識を持って実行しなければ実現できないことです。

それが、会社という組織が変わったことで、40人で開発することが当たり前であったのが20人で開発するのが当たり前に変わったのです。

そのような枠がはまれば、そこでのやり方を変えるだけです。

ヤマハでは必要と思っていた作業や手順を省けること、そして作業量は減らせると実感できた大きな経験でした。

2年後の2001年春に、計画通り開発を終えて設計部門に提供できました。

ロームのご褒美は、社長賞の金賞。

賞金は、なんと４５０万円！　皆で贅沢な祝杯を挙げることができました。

そして、一番のご褒美は、次の世代である０・18ミクロンＣＭＯＳの開発も託されたことでした。

感情は要らない――買収されたのだから、新しいやり方に素直に従ってみた

買収されるというのは大きなストレスです。

社風全てを変えられることの苦しさを実感しました。

それは、自分たちが慣れ親しんでいたことが否定されるからです。

口に出してはっきり言われることもあれば、そうでないこともありました。

前の会社のやり方が良かったと主張したところで、会社が変わったのですから、新しい会社のやり方に従うしかありません。

しかも買収した会社の業績がはるかに優れているのですから、それがどんなものか好奇心を持って探った方が楽しいです。

私は、このように気持ちを切り替えていました。

「隣が火事になったら火消しに走るのは当然だろう」本社ＶＬＳＩ製造部長から投げかけられた一言です。

開発部は、製造部の製造ラインを使って、次世代のプロセスを開発します。

ヤマハでは、開発部と製造部との間に不可侵条約みたいなものがあって、製造部のトラブルは製造部で解決する、「開発部の手は借りない」というのが続いていました。

ローム浜松でもその感覚が引き継がれていて、生産品の出荷に滞りがあっても、開発部に応援を頼むことはありませんでした。

冒頭の言葉は、その現状を嘆いたものでした。

これこそ染み着いた慣習です。

製造部のメンバーで開発部の応援を拒む人はいません。

開発部のメンバーで製造部の応援を拒む人もいません。

この指摘のあとは、相互協力が当たり前になり、一体感が増しました。

買収のような劇的な変化がなければ、気付かない悪しき習慣の打破です。

ロームの一員になったことを痛感させられる事件が起きました。

ロームには、それぞれの階層で連絡を密にして情報を共有する文化があります。

ローム浜松とローム浜松を管轄するＶＬＳＩ製造部との間で、担当者間の情報共有も密にされていました。

例えば、装置が停止して生産品の処理が止まれば、その状況と復旧見込みを伝えていました。電話、電話会議、テレビ会議が主な手段でした。

メールではなくて、会話することが重視されていました。いちいち報告するのかと思ったこともありましたが、慣れてしまえば違和感のないことでした。

ある日、１台の製造装置が不具合で停止しました。

半導体工場では珍しいことではありません。

その日も、復旧見込みを伝えて復旧作業に取り掛かったのです。

装置が復旧して、生産を再開する前に、性能が規格通りに出ているかを確認します。実際に加工処理をして、出来栄えの形状を観察したり、寸法を測ったりします。その時は、規格の寸法からずれてばらつきも大きかったそうです。

装置の調整をして、出来栄え評価を繰り返しますが、規格内に収まりません。

そこで、本社の担当者に、現状報告と解決の相談をしました。

いくつかのアイデアをもらって、調整を繰り返した結果、ようやく規格に収まり、生産を再開できました。従来のヤマハでは、自分たちで判断して生産再開していたので、自分たちの処置に何の違和感もありませんでした。

事件は、次の日に起きました。相談を受けていた本社の担当者が、解決の連絡が無いので、他にも原因があるのか検討をしてくれていたのです。

「相談したのに、結果の報告をしない」ここを厳しく指摘注意されました。ローム浜松の社長が、今後の報告・連絡・相談の仕方について、浜松の姿勢を報告することで決着しました。

大袈裟だと思いましたが、会話がコミュニケーションの基本であることを徹底させられる事件となりました。

これらは買収されるという特殊な体験で気付いたことですが、転職して新しい会社に入るとか、社内異動で部署が変わるとか、上司が変わるとか、働く環境が変わることは皆さんにも起こると思います。

ですから、転職先の会社のやり方、異動先の部署のやり方、新しい上司のやり方、まずはそれぞれの仕事のやり方に素直に従ってみることです。必ず新しい発見があります。

仕事の進め方が違っても、仕事の肝は同じ
――繰り返し実行していると、自然と身に付き
それが当たり前になる

ローム浜松創業の頃、ロームの仕事のスピードを例えると、普通に歩いていたら、いきなり100mの全力疾走を強要された感じでした。

在来線と新幹線の違いと例えたこともありました。

その位の違いを感じていました。

打合わせをして、やることを決めて、誰がいつまでにやるかの確認になると、大抵が明日か明後日まで。それまでの私の感覚では、平均1週間後でした。

ゴールが決まったら、それを実現するためにどのように進めるかを考えます。

AとBとCの3つの項目を評価しなければ、ゴールに到達できない。

A、B、Cの評価にそれぞれ1日は要する。

つまり、ゴール到達には3日要する。

その時に、1日で到達するにはどうするかを考えることがよくありました。

2人に応援してもらってA、B、Cの評価を1日で終わらせるとか。

応援してもらえる人がいなければ、力づくで休憩時間を削って徹夜して24時間で全部評価するとか。

Aの評価結果から、BとCを予測して判断する。

あとからBとCを評価して修正するとか。

工夫次第、考え方次第でやり方はいくらでもあることを体験しました。

そしてそのほとんどが上手くいく。こうして成功体験が積み重なってくると、そのやり方が当たり前、普段のやり方になります。


ところが、在来線と新幹線の違いがあるのですから、スピードや仕事のやり方に馴染むのには個人差が生じます。

最初から抵抗なく受け容れられる人、繰り返しやってようやく慣れる人。何度やっても慣れない人もいました。

馴染めない人は会社を去りました。残念ですが、それも現実です。

私は比較的早く馴染むことができました。

それは、１００ｍの全力疾走をしているように見えたローム社員が、息を切らせていなかったからです。

飄々と仕事をしていました。

そして私たちより明らかにアウトプットが多い。

つまり、生産性が高い。それならそのやり方を受け容れた方が、私個人にも会社にも良いのではないか。そう素直に思えたからです。


まず、違う職場に行ったら、結果を出している人を探すこと。

そして、どうやって結果をだしているのかを把握することが大切です。

「そんなシンプルなこと?」と思われるかもしれませんが、そういったことがほとんどの人ができていないと感じました。


前項で、転職先の会社のやり方、異動先の部署のやり方、新しい上司のやり方、まずはそれぞれの仕事のやり方に素直に従ってみることをおすすめしました。ところが、それまでの仕事のやり方との違いが大きいと軋轢が生ずるかもしれません。

それを避けるために、繰り返しやって慣れてしまうことです。そうすると、ストレスを感ずる間も無くなります。

6社在籍して分かった「できる人」
——限られた時間で最大の成果を上げるが最強である

どこの会社にも、「彼はできる男だ」「彼女は優秀だ」この手の評判や評価はありました。

ここまでヤマハとロームの生産性の違いに言及しましたが、ヤマハにもお手本にしたい先輩や上司はいらっしゃいました。

多くの社員が評価する「できる人」は、一緒に仕事をすると納得します。

噂ではなくてホントだ、と。「この人じゃないとダメだ」と思わせる人です。


では、この「できる」を言葉で具体的に表してみましょう。

まず、「できる」と感ずる状態は何でしょう。

それは、成果を出す人です。

成果とは、成し遂げて得られる良い結果のことです。

さらに、仕事には、期間の長い年単位のプロジェクトから、細切れのお願いごとまで色々あります。

期間の長短はありますが、仕事をする際に必ず守らねばならないのが、納期です。

どんなに仕上がりの出来が良くても、必要とされる時に提供できなければ意味がありません。

そう、「できる人」は、納期を守って成果を出す人です。

それから、普段、仕事は一つではないですね。

複数の仕事を同時進行させています。

それらの仕事それぞれに納期があります。

そして、納期はキリの良い時期に設定されがちです。

「月末、週末、今日の定時」等、事前に調整することもあるでしょう。

それでも、納期は重なることが多いです。

重なった納期を守るには、納期よりも早く結果を出せば良い。

これらのことをまとめて、私は、

「できる人とは、納期を守って成果を出す人」

そこから一歩踏み込んで、

「できる人とは、限られた時間で最大の成果を上げられる人」と表現します。

本書では、「限られた時間で最大の成果を上げられる人やチームが共通して持っているスキル」を紹介します。

それはローム社員のスキルだけではありません。

ロームで学ぶことは多かったですが、他の会社にもできる人は多くいました。

彼らが共通して持っていたスキルです。

それらを真似れば、「限られた時間で最大の成果を上げられる人やチーム」に近づくことができます。

さらに、できる人たちの考え方や姿勢を紹介します。

これらも真似てみれば、できる人に近づくことができます。

昨今、人生100年時代という言葉を頻繁に見聞きします。

65歳までの定年再雇用制度が普及し、60歳以降も働くのが当たり前の社会になっていきます。

さらに、2021年4月に施行された改正高年齢者雇用安定法では、70歳までの就業機会の確保が事業主の努力義務として明記されました。

遠からず多くの人が70歳まで働ける社会になると思います。

これは、働かされる社会ではありません。

多くの人が、働ける内は働きたいと思っています。

その思いを実現できる社会です。

50歳であれば役職定年まで5年強、60歳定年まで10年、70歳まで20年です。

「(役職定年で)先は見えた」といった発想から離れて、自律した社会人生活を送ることを考えていただきたいと思います。

自律するには、どこでも通用するスキルを身に付けることが大事。それは、専門スキルでも、一般的なスキルでもなく、生産性の高いスキルです。生産性向上の術を磨き続けて、限られた時間で最大の成果を上げられる人を目指すことが有用です。その教科書として本書を使ってください。

第1章

生産性の高い働き方を磨き続けるマインド10か条

生産性という言葉は、公益財団法人日本生産性本部のホームページによると、
「生産性とは、あるモノをつくるにあたり、労働力や機械設備、原材料等の生産諸要素がどれだけ効果的に使われたか」
と記載があります。

式で表現すると、

●生産性 ＝ 産出量（Output）÷ 投入量（Input）

です。

この表現のように、製造現場のカイゼン活動から生産性という概念が広まったため、生産性は製造部門だけのことと考えている方が多いと思います。

これは、ベストセラー『生産性』（ダイヤモンド社）の著者伊賀康代さんも指摘されています。

「自由に発想することが重要な仕事である企画・開発部門の人たちは、生産性の向上が自分たちの仕事に重要であることを長らく認識できないままになっていた」と。

つまり、生産性の向上は多くの職場に当てはまる考え方なのです。

序章で、「できる人とは、限られた時間で最大の成果を上げられる人」と定義しました。限られた時間で最大の成果を上げることが、まさに生産性の高い働き方であり、それを実現するスキルが生産性の高いスキルです。

独立したと仮定して、将来を考えよ！

私が会社員を卒業する少し前に、ある会合で自営業の方から問われたことがありました。彼は50歳、元々会社員で、30代で独立した方でした。

「大学の同級生で会社員の方と会うと、皆もう終わったと言う。私なんてやりたいことがたくさんあって、そのやりくりを考えているのに。会社員の50歳って、そんな意識なのですか」

そう指摘されても仕方がない人は確かにいますが、それほど多くはないと思っていました。ですので、この指摘には少し驚きました。

自営業の彼からすれば、新しいことにトライしている人、ぎらぎらした熱いものを感ずる人がいないということなのでしょう。

会社でのゴールが見えてしまっていて、新しいことに挑戦しようとしない人たちは確かにいました。

私の基準ではありますが、何かをお願いした時に、「今までにやったことがありません」とか「聞いたことがありません」と、平然と言ってしまうような人です。

お願いされたことに応えようとしないこの意識の鈍さは、雇用の安定から来ていると思います。定年までは余程のことが無い限り働けるという安心感。

定年後も再雇用制度が準備されていて、年金受給までは今の会社で働き続けられます。しかも日本の雇用制度だとレイオフされることはありません。

このように今の働き方を継続できる安心感から、新しい目標に挑戦する気持ち等要らなくて、やる気がなくても大丈夫と考えている人が多いのです。

酷い書き方をしましたが、もちろんこのような人ばかりではないと思います。

目標を持って挑戦している人も多いです。

ですが、定年という強制退場が間近に迫っているのも事実です。定年後に再雇用制度はありますが、決して魅力的ではありません。この点は、後ほど詳しく解説します。

ですから、私のように独立を考えるのも一案です。

会社員にとって独立・起業はもちろんハードルが低くはありません。

ただ、独立・起業を目指して準備を始めれば、再雇用制度以外の選択肢が増えることになります。

定年までの期間をより充実させ、できれば定年後も自律して歩みたい。

そんな思いは皆さんお持ちだと思います。

その気持ちをお持ちの皆さんと、生産性向上をもう一度考えてみたいと思います。

今がチャンスと捉えよ！70歳まで働ける社会が始動した

皆さんは、定年をどのように捉えていますか。

30代、40代の皆さんには、まだずっと先のことなので他人事かもしれません。

50代の皆さんは、そろそろ意識され始めているのではないでしょうか。

役職定年という制度を設けている会社でしたら、役職定年が間近に迫っているかもしれません。

まずは、定年に関する法律を振り返っておきましょう。

図表1―1に整理しました。

60歳定年が義務化されたのが1994年。

65歳までの雇用確保が義務化されたのが2004年。

図表1−1　高年齢者雇用安定法の施行時期

	60歳定年	65歳までの高年齢者雇用確保措置	70歳までの高年齢者雇用確保措置
努力義務化	1986年	2000年	2021年
義務化	1994年	2004年	未定

広報誌「厚生労働」2021年4月号 特集2をもとに著者作成

ここで定年ではなくて雇用確保という言葉になっているのは、65歳までの定年の引き上げの他に、定年制の廃止か65歳までの継続雇用制度の導入のいずれかを選択できるからです。

65歳までの継続雇用制度が再雇用制度です。

２０２０年6月現在、常時雇用者が31人以上の企業の内76・４％が再雇用制度を導入しています（出典：厚生労働省令和２年「高齢者の雇用状況」集計結果表3―1 URL:https://www.mhlw.go.jp/content/11703000/001014466.pdf）。

皆さんの会社でも再雇用制度で65歳まで働いている方がいらっしゃると思います。今の会社で働き続けることを選べば、この制度を使って65歳まで働き続けられます。

そして、２０２１年に、70歳までの就業確保措置が事業主の努力義務となりました。義務化の時期は明らかでないですが、早ければ2025年頃かもしれません。つまり、70歳まで働ける社会が始まっているということです。

65歳までの就業確保措置の改正は、年金の支給年齢の引き上げに合わせて施行されました。

ところが、2021年の70歳までの就業確保措置改正は、年金の支給年齢の引き上げを目的にしたものではありません。あくまで高年齢者の活躍の場を確保するための改正なのです。厚生労働省の広報誌「厚生労働」にも明記されています。

収入を伴う就業を希望する方に限りますが、定年の60歳がゴールではなくて、70歳まで働ける社会に既に変わっています。

もはや60歳は通過点！ 過去10年で60歳から74歳の就業率が10％超上昇（65歳定年法の効果）

世の中の実態を知る方法の一つとして、行政機関での調査結果があります。

まず総務省統計局の令和3年度労働力調査結果です。

ここには、年齢階級別の就業率が２０１１年から２０２１年まで1年毎に示されています。それをもとにして図表１―２に、年齢階級毎に２０２１年と２０１１年の就業率の差をまとめました。

これより、60歳以上と女性の就業率の上昇が大きいことが分かります。

60歳以上の就業率上昇は、次の２つの理由が有ると説明されています。

一つは、２０１２年の高年齢者雇用安定法の一部改正で、継続雇用制度の対象企業がグループ関連企業にまで広がったこと。

図表1−2　年齢階級別の就業率の変化(%)

年齢階級	男性			女性		
	2011年	2021年	増減	2011年	2021年	増減
15〜24	38.0	45.6	7.6	40.2	47.8	7.6
25〜34	89.3	91.2	1.9	68.3	80.5	12.2
35〜44	92.8	93.9	1.1	65.9	77.0	11.1
45〜54	92.4	93.1	0.7	71.6	78.7	7.1
55〜59	88.6	91.0	2.4	62.1	73.0	10.9
60〜64	70.8	82.7	11.9	44.2	60.6	16.4
65〜69	46.3	60.4	14.1	27.1	40.9	40.9
70〜74	30.0	41.1	11.1	16.6	25.1	8.5
75〜	13.5	16.1	2.6	5.2	7.0	1.8

総務省統計局の令和3年度労働力調査結果をもとに筆者作成

もう一つは、2013年に、厚生年金の支給開始年齢の引き上げが始まったことです。

女性の就業率向上については、本題から外れますので、内閣府男女共同参画局の見解を添えます。

「仕事と育児等との両立支援のため、保育所等の育児基盤や育児休業制度等の整備・充実が大きく働いたとみられるが、女性が職業を持つことに対する意識が女性自身だけでなく男性を含め、社会全体として変化してきたこともその背景にある」

次は、内閣府令和元年度 高齢者の経済生活に関する調査結果です。

全国の60歳以上(平成31年1月1日現在)

図表1―3　何歳まで収入を伴う仕事をしたいか

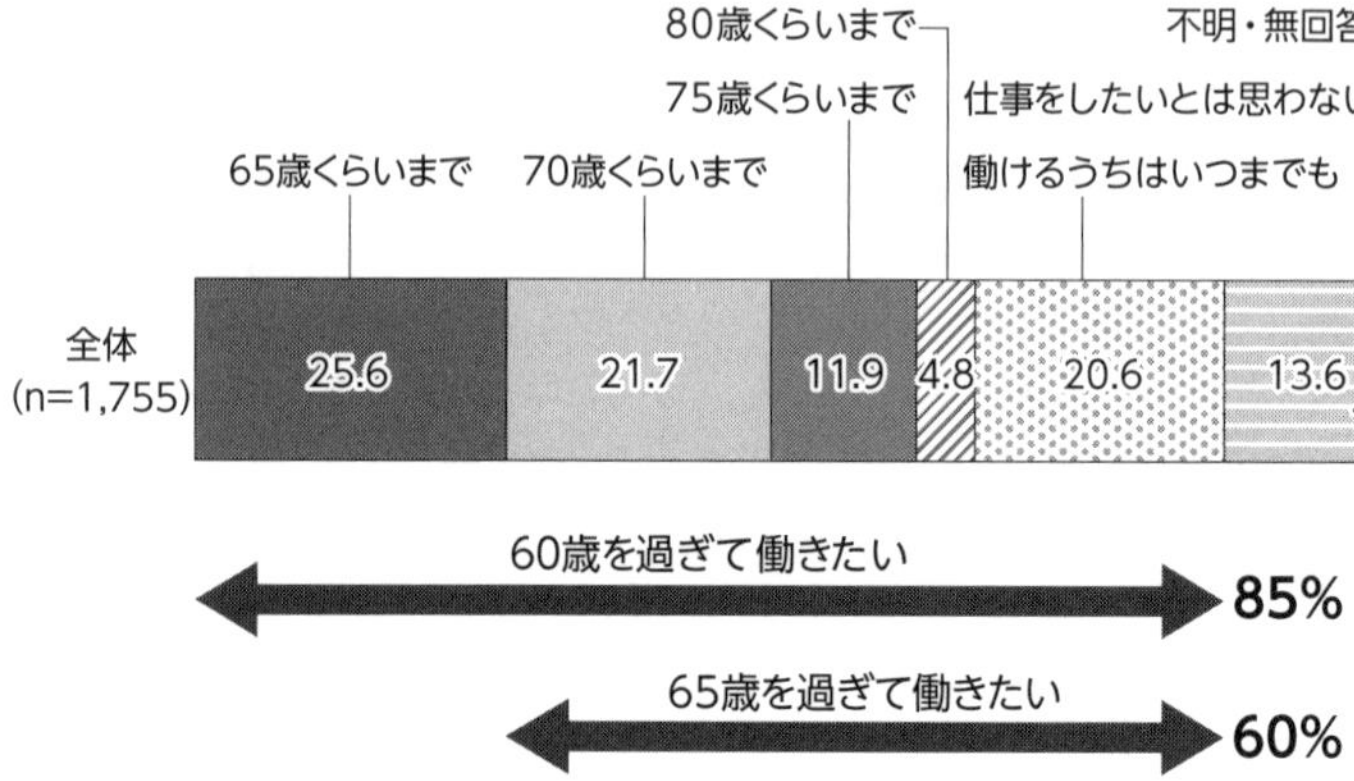

内閣府の令和元年度高齢者の経済生活に関する調査結果をもとに筆者作成

の男女3000人を対象に調査し1755人の有効回答を得ています。

何歳頃まで収入を伴う仕事をしたいか、又は、したかったかを聞いた結果が図表1―3です。仕事をしたいと思わない13・6％と無回答1・9％以外の人が60歳を過ぎても働きたい人ですから、全体の85％です。

そこから65歳くらいまで働きたい人25・6％を引いた人が65歳を過ぎても働きたい人ですから全体の60％です。

しかも全体の20％の人は、働ける内はいつまでも働きたいと考えています。これらの調査結果を見ても、60歳は通過点であることは明白です。

今、他のビジネスパーソンは何を考えているのかを知る！

65歳までの継続雇用制度（再雇用制度）が、60歳以上の就業率向上に貢献していることを図表1－2で確認しました。

では、再雇用制度がどのように評価されているか。

再雇用制度以外に働き方があるのか。

調査結果がありますので紹介します。

厚生労働省所管の独立行政法人労働政策研究・研修機構がまとめた「60代の雇用・生活調査」（JILPT調査シリーズNo.199、2020年3月）です。

2019年7月～8月に全国の60歳～69歳の男女5000人を対象に調査されました。有効回答は2883人。この中から60～64歳の男性934人のデータを図表1－4に整理しました。

図表1−4　定年後の進路

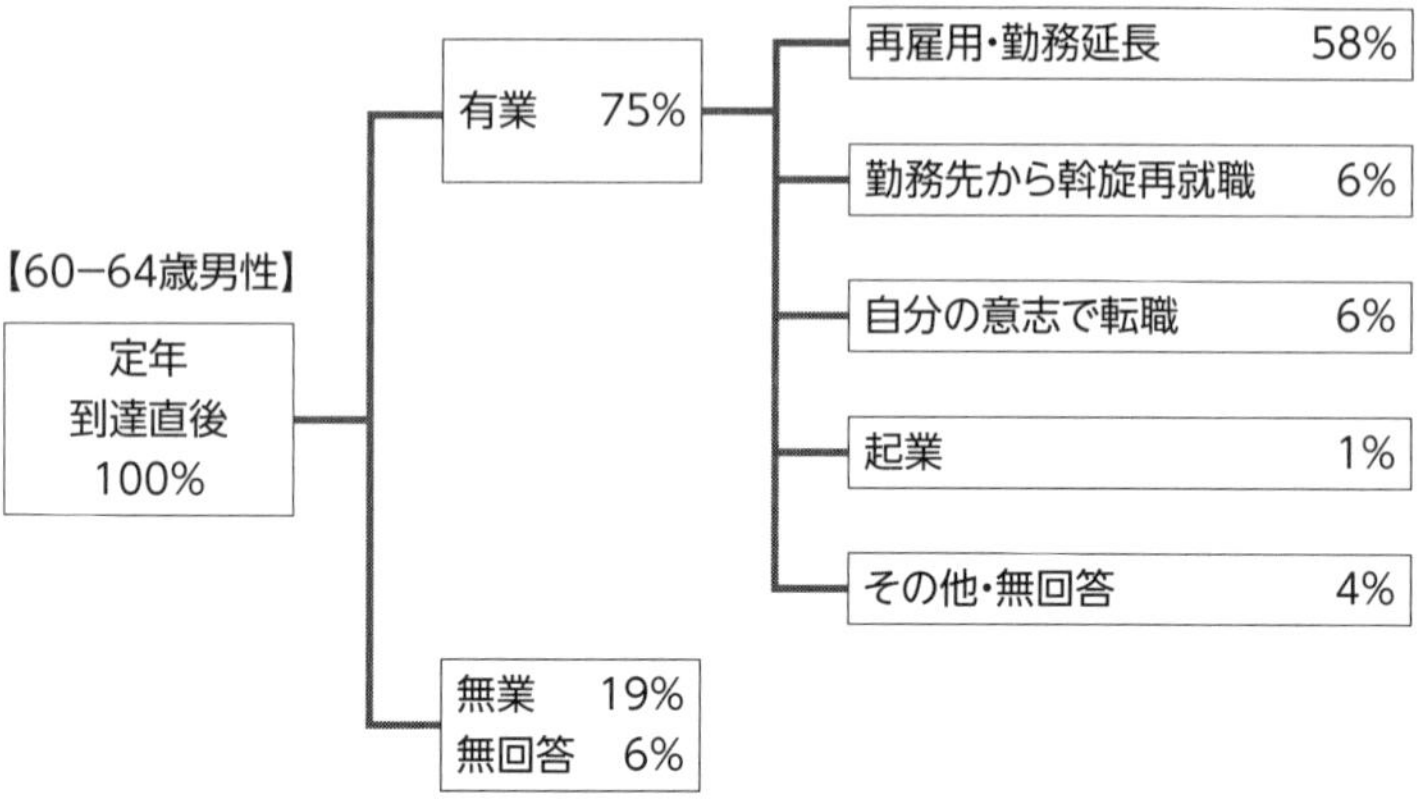

「60代の雇用・生活調査」（JILPT調査シリーズNo.199）をもとに著者が作成

55歳当時に雇用者で、その会社に定年制度がある方に絞りました。

定年後も継続して働いている人（有業）が75%、働いていない人（無業）が19%、無回答が6%です。継続して働いている人の78%が再雇用制度です。

これは全体の58%です。

転職が6%、自ら起業はわずか1%です。

働いていない人19%の事情も調べられています。

働いていない理由の半数が、健康上の理由、趣味・ボランティアに打ち込む、家族の介護、働く必要がないという理由でした。

一方、残り半数は、働きたいのに働いていない人です。

再雇用制度があったのに、納得できなかっ

たとして次の理由が挙げられています。

- 給料が安過ぎる
- 職場の雰囲気や人間関係が良くない
- やりたい仕事でなかった
- 後進の仕事を奪うことになる
- 身分・役職に不満があった
- 余剰扱いされた

これらは、無職になっても受け容れられなかった理由ですから、重い現実です。

私の肌感覚ですが、再雇用制度で働いている方々も似た不満を持っていると推測するのが自然です。

皆さんの周りにも再雇用制度で働いている先輩や元上司がいらっしゃると思います。会社によって、職場によって、その方個人によって、働きぶりは様々でしょう。皆さんがその姿を見てどのように感じているでしょうか。

私は多少なり経営寄りに身を置いていたのでシビアに見ています。

会社は組織で機能しており、個人のスキルで成り立っているわけではありません。一人の自己都合退職者が出て、機能不全になることはありません。

それは、代わりが居るからです。

ほとんど全ての定年退職者に対して、「是非とも会社に残ってもらいたい」という気持ちは会社側にはありません。

同様に後進が代わりになるからです。

この見方は、企業規模が大きいほど役職定年の導入が進んでいることからも窺えます。大きい会社ほど代わりになる後進が控えているからです。

人事院が実施した平成19年民間企業の勤務条件制度等調査結果によれば、役職定年制を導入している企業割合は23・8％であり、これを企業規模別にみると５００人以上では、36・6％、１００～４９９人では、25・5％、50～99人では17・1％と、企業規模が大きいほど導入比率が高くなっています。


それから再雇用で給与が下がることは、日本企業の賃金構造を理解して受け容れるしかありません。

現行の賃金制度のイメージを図表1―5に示します。これを「ラジアーの賃金カーブ」といいます。若年期は賃金が企業貢献度を下回り、高年期は賃金が企業貢献度を上回りま

図表1−5　現行の賃金制度のイメージ図

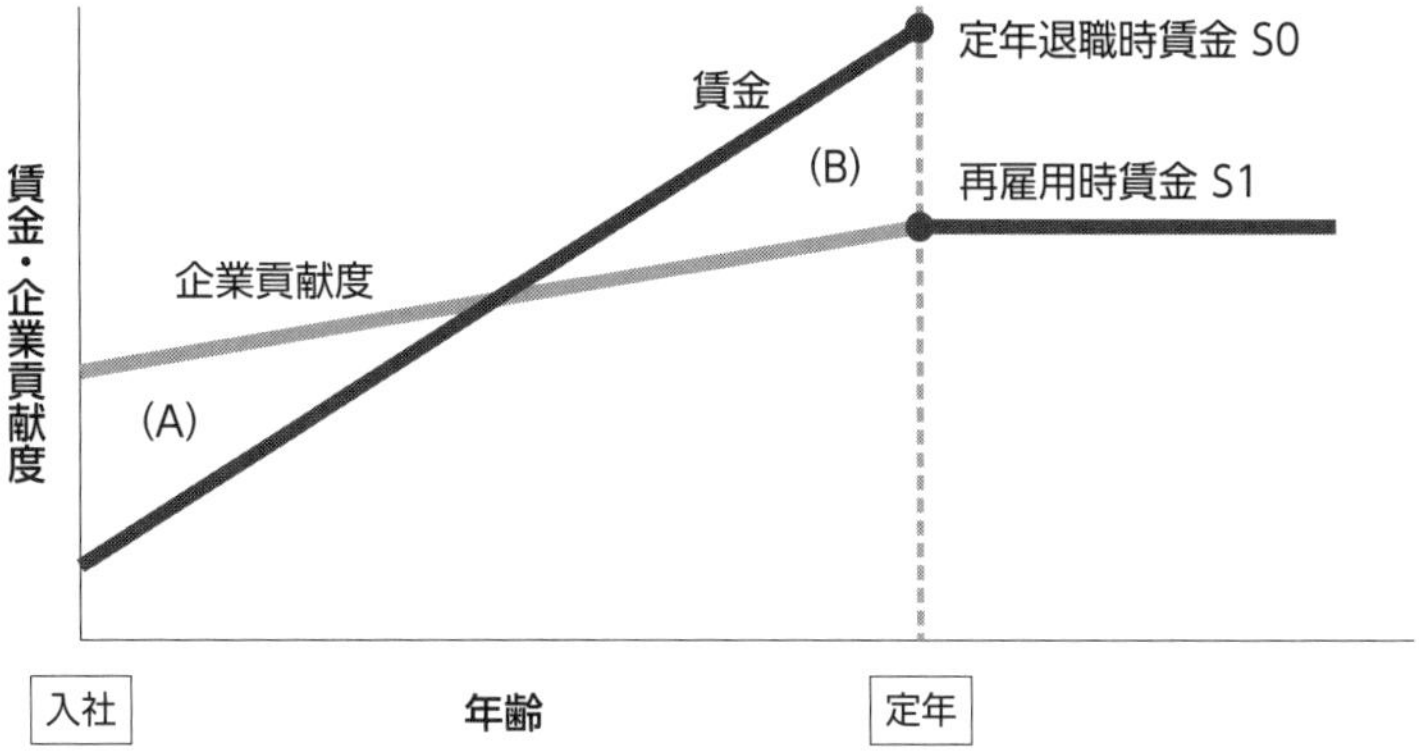

中村豊「日本企業のダイバーシティ＆インクルージョンの現状と課題」高千穂論叢、53(4)、19−45(2019)及びエドワード P.ラジアー著「人事と組織の経済学」日本経済新聞社を参考に著者が作成

す。若年期の差分（A）を高年期の差分（B）で回収します。そして回収が終わる年齢、つまり（A）と（B）の面積が同じになる年齢に定年が設定されます。

これより、定年時は企業貢献度以上の賃金S0が支給されています。定年で、入社から続いたこの収支関係から離れますと、企業貢献度に見合った賃金S1に下がるということです。

再雇用制度下の給与は、現職の給与から離れて、その仕事の企業貢献度で決まります。そのように考えれば、案外妥当な金額ではないでしょうか。

図表1−4で定年後の転職がわずか6％に過ぎないことを示しました。

多くの会社が、60歳以上の中途採用を前提にしていないと思われます。

人事制度上、60歳以上を採用する規定がないのです。

そして、前例がない。

年齢不問と表示して中途社員を募集していても、年齢を理由に採用されないのが実態ではないでしょうか。

このように、定年後も働きたい人は、定年再雇用制度一択が現実といえます。

この現実が放置されることはないと期待しています。

人手が足りない会社や人財が足りない会社から60歳以上の採用が増えていくでしょう。

皆さんはこのような現実を見て、どんな働き方をするか、いくつかのパターンを想定しておくことが重要と思います。

専門性の高い人材でも汎用的スキルのある人材でもなく、生産性の高い人材になれ！

専門性の高い仕事といえば、医師や、弁護士、公認会計士等を思い浮かべます。会社組織内では、「この仕事は○○さん」と皆から頼られている人が、専門性の高い仕事をしている人ではないでしょうか。

皆さんの会社にもいらっしゃると思います。

経理のことはA経理部長、人事のことはB人事部長。Xプロジェクトのことはリーダーの Xさん。部門長が自部門の主業務に詳しいのは当たり前ですが、そのように言われない部門長も少なくありません。

部門長以外では、アナログ回路設計はCさん、めっきのことはDさん、といった技術の専門家や、ISOの監査対応はEさん、クレームの回答はFさん、という対応ノウハウに長けた専門家もいます。

このような専門家は、ルーティンワークや決められたマニュアルがない領域に対して、自らの経験を基盤に、自ら対応策を提案できる人たちです。

そして、その専門スキルは陳腐化しにくいものです。


さて、前述したように、生産性の高い人、本書のできる人は、所属する会社で年相応か少し早めに役職に就いていていました。

そのできる人の中に、専門性の無い人はいませんでした。

それどころか、彼らの専門領域では社内の第一人者の一人でした。

ただ、それだけでは、もちろんラインの長等のマネジメントを行うレイヤーに上がることは出来ません。やはり、部下をマネジメントし、チームとして、結果を効率よく出していく必要があります。

ラインの長の候補になるには、もう一つリーダーシップが評価されます。

自ら計画を立て、自発的に動き、率先して仕事で成果を上げられる人です。


これも生産性を上げるスキルです。

ラインの長が皆できる人ではありませんが、できる人はラインの長、あるいはそれに準ずる役職に就いています。

役職に就くということは、その肩書の役割を演じるということです。

課長なら課長の役割を、部長なら部長の役割を演ずるということです。

その要件の中に、専門性があることと、多くのスキルの中でもリーダーシップが求められます。

ただ、ラインの長のポストに就けるか否かは、その時の情勢次第です。

候補者が複数いることもあります。


大抵の場合は、その立場になる数年前から、絞られていきます。

それは、直属の上長が普段の仕事ぶりを見て感じ、関連部署の関係者の評価を聞いて、決めているからです。

候補者が複数いて、甲・乙付け難い僅差の場合、上長との相性が優先されることはあるかもしれません。

ポストに就けなくても、割り切ることです。

それはその時のその条件下でのことです。

組織が不変なんてことはありませんよね。組織が変われば、ポストに就く可能性が出てきます。別の会社でなら、あなたの今の能力でポストに就ける可能性があります。

要は、リーダーシップや、専門スキル等の生産性の高いスキルを磨き続けることが大事です。

私は何ができるのか。1分で説明せよ！

会社にはやることが溢れているので、やることが無くて困ることはないでしょう。

やることを選べる立場ですと、やりやすい仕事や得意な仕事に偏ると思います。

得意がどんどん得意になるのは良いですが、その領域が大して広くない。

もしかして今の職場でしか通用しない業務であったりすると、あなたの業務の幅は限定的になってしまいます。

あなたが管理職でしたら、管理職に求められる仕事をしているかどうか、自問してください。

マネジメントは成果を上げさせるための手法を考え、組織を管理する能力のことです。

組織の上に乗っかって、調整だけしているなんてことはないですよね。

私は何ができるのか。

一度、自分の身に付いているスキルを客観的に把握してみませんか。

所謂、キャリアの棚卸です。

それができると、自分の強みと弱みに正直に向き合えて、力を注ぐところがはっきりします。

まずは、自分がやってきたことを、数字や言葉で表現してみます。

期間は社会人になってから全ての期間が良いですが、過去の記憶はだんだん正確でなくなります。

少なくとも直近の10年を対象にされたら良いでしょう。

キャリアの棚卸の仕方を指南する情報は多くあります。

あなたがやりやすい方法を見つければ良いです。

目的は、あなた自身を知ることです。

きれいな棚卸シートを作ることではありません。

実は、私は、独立する前に初めてキャリアの棚卸をしました。

その時に参考にしたのが、木村勝さんの著書『知らないと後悔する定年後の働き方』（フ

図表1−6　著者のキャリア棚卸シートの一部

年・月	期間	棚卸のポイント（複数設定しても可※） ●所属・役職・仕事の内容 ●部下の数 ●成果のポイント	●当時の専門分野経験の内容 ●発揮した専門性と成果 ●身につけた専門スキル・ノウハウ	●当時苦労した事 ●仕事で楽しかった事 ●人格形成　等
日本無線 2019.8 〜現在	2年	①最低販売価格を製品事に設定し、それを指標として値決めする仕組みを導入した。大きな赤字販売品が多く存在し、中には限界利益マイナス製品も存在しており、それらが収益を悪化させていた。今までに値上げ交渉をした事がほとんど無かったようで、これを機に値上げの実績が億円単位で上がるようになった。 ②見込み生産から確定受注生産への変更。目的は不動在庫の削減。全社プロジェクトを立ち上げて、受注生産の仕組みを1年半掛けて造り、●●●●年●月より確定受注生産に移行した。 ③生産量●●●●枚/月、平均工期●●日の生産ラインを半年間でしかも増員・設備投資無しで、生産量●●●●枚/月、平均工期●●日に改善した。	生産本部長という立場だが、全社経営的視点から収益改善の新たな施策を実行した。いずれもロームでの経験を日本無線に適応したもの。 問題意識のあるキーパーソンを見つけ、2〜5人程度のチームを作る。そのメンバーと課題解決方法を議論し、私の経験も付け足して、対策案を決めて実行した。	楽しかった事:チームメンバーが肚落ちした時の顔を見る事。実現できた時の彼らの満足した様子を見る事。
フェニテック セミコンダクタ 鹿児島工場 2017 〜2019.6		2015年に譲受した鹿児島工場の黒字化2019年度に黒字化できた。 ①鹿児島工場の強みを明確にして、新規技術の導入を優先した。 ②工場固定費と生産枚数とから最低販売価格を設定し、価格交渉で妥協しなかった。 ③新規顧客が増え、その一部の顧客の調子が良いおかげで、2019年度黒字化した。	ロームでの経験をフェニテックで応用した。	最低販売価格が顧客要求より高い事が多く、社長含め社内説明が大変であった。 鹿児島工場は元ヤマハの工場で馴染みがあった。
フェニテック セミコンダクタ 本社工場 2016.6 〜2019.6		生産を継続しながらの工場集約 全4棟の工場の内、一番古い工場棟が旧耐震基準の建屋で、従業員の安全確保の観点から耐震補強が必要であった。しかしながら、建替えと同等の費用が掛かることが分かり、計画が止まっていた。そこで、新棟を建てて工場を集約する計画案を立案し2018年に着工した。2020年度に完了した。	計画立案はほぼ1人で作成した。承認後は、プロジェクトチームを作りそのメンバー主体で実行した。	親会社への投資回収の説明及び資料作成。特に投資に反対の社外取締役への説明。
サムコ 2013.8 〜2016.6		新規開発装置の販売。初号機を納入した。		規模の小さな会社の実態を体験した。 創業以来36年間黒字経営を続けた会社なので創業者である社長から学ぶ事は多かった。 「入りを量りて出を制す」の実践。
ローム LSI事業統括 2012.6 〜2013.6		LSI事業の復活（黒字化）を託されたが、主要顧客（パナ、ソニー、シャープ）の低迷や円高の高止まりで売り上げを伸ばせなかった。そこで工場閉鎖等のリストラを大胆に進めて損益分岐売上を下げたものの、期待された利益を確保することができなかった。	最終赤字2期目となる2012年3月期に、できる限りの減損処理をして、2013年3月期のV字回復に備えた。	80円を超える超円高。どうにもならない外部要因に対処できなかった事。

ォレスト出版）です。図表1―6のシートが準備されていましたので、それに記入しました。

やり方のポイントだけお伝えします。

まずは、あなたが携わった仕事を時系列に全て挙げてください。

もしプロジェクトのようなチームの仕事であれば、あなたの役割を明らかにしてください。

そして、それぞれの仕事の結果をできるだけ定量的に表現します。

併せて、仕事毎のプロセスを振り返って、あなたの身に付いたスキル、ノウハウや経験をまとめていきます。

その時の気持ちも書いておくと良いです。

充実していたこと、楽しかったこと、辛かったこと、苦労したこと等々です。

これがキャリアの棚卸です。

それからもう一つ、強力なツールがあります。ライフカーブです。これも前述の木村さんの著書に書かれています。

図表1−7　著者のライフカーブ

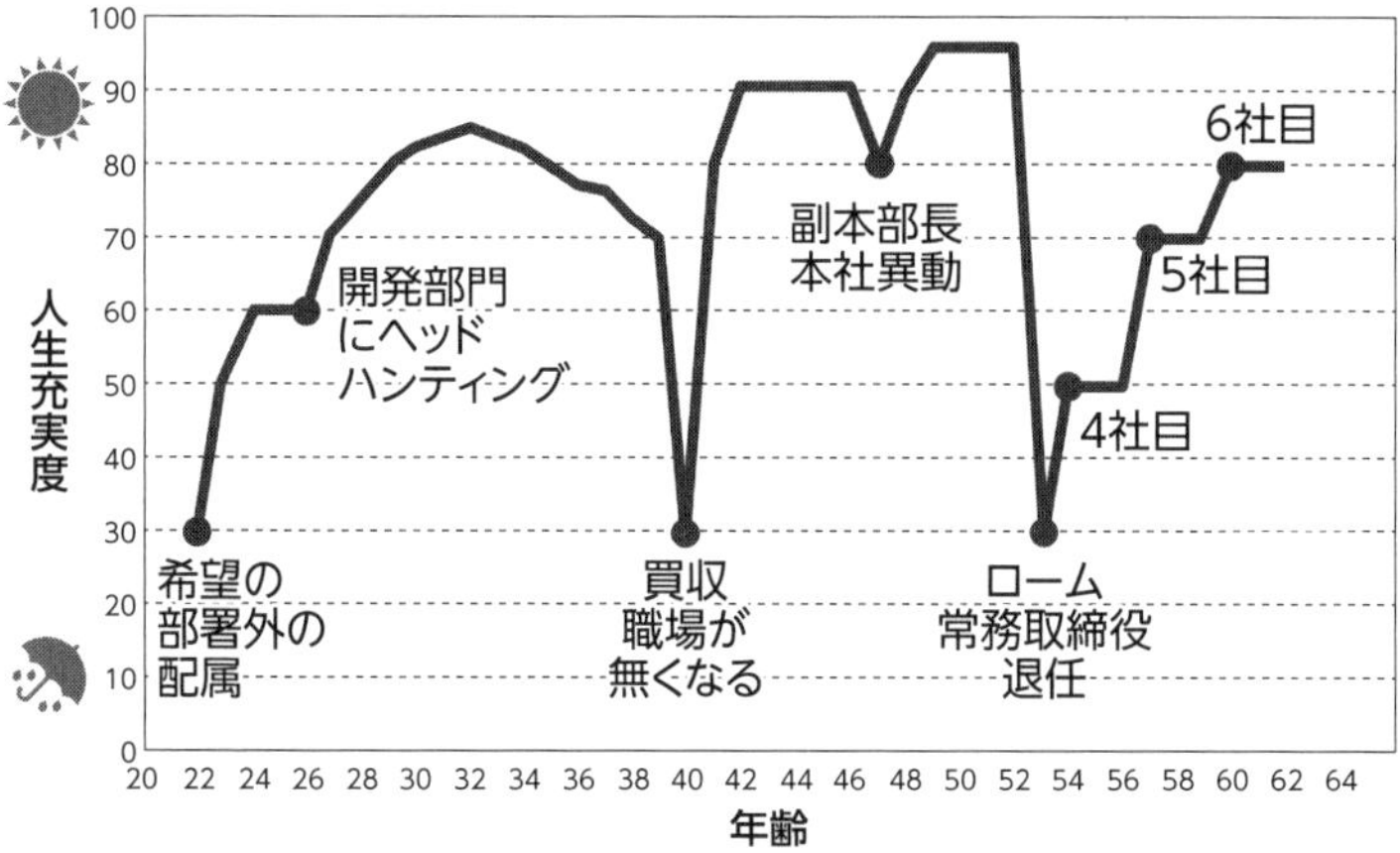

ライフカーブは、これまでの人生の流れを1本の曲線で表現します。横軸に時間を取り、縦軸の真ん中を平均として主観的な満足度・充実度を1本のラインで表したグラフです。

「嬉しかったこと」や「やる気が高まった時」の気持ちをプラス領域（50〜100）に描き、「残念だったこと」や「やる気が無くなりかけた時」をマイナス領域（0〜50）に書きます。

代表的な出来事について表現すればOKです。

カーブはあくまでも主観的満足度ですので、それほど厳密に考える必要はありません。

こうして作成した私のライフカーブを図表1—7に紹介します。

あなたのキャリアの棚卸とライフカーブとから、キャリアを俯瞰して、強みや弱み、得意なこと不得意なこと、やる気の源泉を探し出してください。

それらを、言葉にして書き留めてください。

1分で話せる位の400字程度にまとめるのが良いと思います。


私の場合を一例として紹介します。

ここでは、専門スキルに属する半導体事業とか事業運営のことは省きます。

皆さんは、専門スキルも挙げてくださいね。


仕事の取り組み方とか考え方に関わる私の特性を挙げて、独立を決めた理由を振り返ってみます。

まずライフカーブを眺めている内に、私のモチベーションの源がはっきりしてきました。

初めて気付いたというより、以前から気付いていたことがクリアになった感覚です。

それは、期待されていることを実感すると、期待に応えようと力が沸いて結果を残すことができる。

逆に期待を感じない場合は、意欲が萎んでしまう。

主に上司にあたる方の「私に期待してくれる思い」が、私のモチベーションの源泉です。

次に、私の強みや弱み、得意なこと不得意なこと、それらを含めた特性です。

- ●新たに目標を設定して、その実現に向けて進んでいる時にやりがいを感ずる。
- ●安定した状態が続くことを好まない。変化がないことに不安を感ずる。
- ●新しいことをトライする判断が早い反面、見切りも早い。辛抱が足りない。
- ●新しい環境への適応力は高い。
- ●業務の対象が変わっても短期間にキャッチアップできる。
- ●期待されていることを感じる時に結果を出している。
- ●期待されていることを感じない時に、期待してもらうように仕向けるのは苦手。

いかがですか。

あなたの強みや弱み、得意なこと不得意なこと、やる気の源泉を書き出せましたか。

今、あなたは身に付けたいスキルや知識、それからなりたい人物像をイメージされていると思います。

それらと現実のあなたとの差異が、これで明らかになったと思います。

差異を埋めるために何をすべきか。その進め方が考えやすくなったはずです。


私の場合に戻ります。

私は、なりたい人物像と、会社員を続けるか独立するかを選択することとが重なりました。


前提とする条件は２つ。
① 働ける内は働きたい
② 新しいことにトライし続けたい

在籍していた会社は兄弟会社と合併するタイミングで、合併後の新しい会社で働き続けることもできました。しかしながら、新会社での新たな目標を見つけられなくて、さらに、新会社からの期待もあまり感じませんでした。

先ほど挙げた私の特性に反する状況だったのです。これが会社員を卒業する大きな要因となりました。

もう一つ。会社員のままでは、いずれ定年になりますので、働ける内は働きたいを実現できません。独立すれば、働ける内は働きたいを実現できます。

独立すると、新しいことにトライし続けなくてはいけません。

それは望むところです。独立は、私の特性に合っていると気付きました。

私自身の特性を明確にしておいたが故に、会社員を卒業し独立する判断が速やかにできました。

転職サイトに登録して、自分に足りないところを知る

人材紹介会社のテレビコマーシャルを見ない日はありません。

ネットでも容易に検索できて登録も簡単です。

ところが、入社以来同じ会社で働いている方ほど求人登録サイトにアクセスした経験が無いようです。

転職ということが選択肢に無いからでしょう。

ある会社で50代のプロパー社員の方から相談を受けたことがあります。

その方は、転職を少し意識されていて、人材紹介会社に関心を持っていました。

ですが、初めてのことなので「登録したら今の会社にばれてしまいませんか」と、本気で心配されていました。

個人情報の管理は昨今厳重ですし、在籍している会社への情報漏洩は人材紹介会社の信

用に直結するので、心配不要であるとお伝えしました。

ただし「会社のパソコンから登録したらダメですよ。自宅の自分のパソコンで登録してください」と、念のため注意しました。


実は私は、直属の部下にも転職サイトへの登録を勧めていました。

それは、その人に自分の市場価値を知ってもらいたかったからです。

社員は、驚くほど他社のことを知らないのです。

今いる会社の中の自分の立場には関心がありますが、他社に関心を持つ必要が無かったのだと思います。

登録には、履歴書と職務経歴書が必要です。

前項でキャリアの棚卸をしました。職務経歴書はそれに沿って自分の強みを書けます。

登録されると、あなたにマッチングしそうな求人情報が送られてきます。

それらが、今の業務と比べて魅力的かそうでないか。

魅力の無い求人情報ばかりであれば、その程度のマッチングしかないということです。

つまり、今の立場でもっと励みなさいということ。

魅力ある求人情報がもしあれば、応募したら良いです。

面談を希望されたら、面談したら良いです。

あなたのどこに魅力を感じてくれているのか。

あなたの市場価値を知る瞬間です。

それに対して、あなたが前向きに考えられるなら転職もありです。

躊躇する気持ちがあるなら、その魅力に感じてもらった点に自信を持って、今の会社でさらに伸ばしたら良いです。


エージェントから直接オファーが来ることもあります。

転職を望んでいる人にはとても嬉しいことです。

転職前提の登録ではないので、自分の何が評価されて、その会社で何を期待されているのかを冷静に理解することが大事です。

これもあなたの市場価値を知る瞬間です。

そのオファーを魅力的に考えられるなら転職もありです。

ここは可能性を書きましたが、魅力的な案件がそうそうあるものではありません。

そのような時でも、今の会社は自分を雇用してくれていると、感謝の気持ちが持てたらそれも良いです。

そこを起点に、今の会社にもっと貢献しよう、自分の強みをさらに磨こう、弱みを克服しようと、自己研鑽の思いが湧くと尚良いです。

そんなきっかけになる転職サイトへの登録をおすすめします。

厚生労働省が推奨するキャリアチェンジのための汎用的スキルを知ろう！

厚生労働省が、業種や職種が変わっても持ち運びできる「ポータブルスキル」を身に付けることを提唱しています。

これは、経験豊富なミドル層人材の有効活用と人材市場の活性化を期待した考え方です。

ところが、この人材市場の活性化とは転職を促していることです。

個々の会社にしてみたら、社外に出ていく社員を増やすことですから、社内の教育研修が活発化するわけがありません。

その結果、周知がなされず、知らない人が多い考え方です。

転職を促すということは、転職できるだけのスキルを身に付けるということです。

どこでも使えるスキルは、自社のどこでも使えるスキルです。それらを身に付ければ、社員のパフォーマンスが上がる。つまり、社員の生産性向上に繋がります。結果として、他社でも通用する人材が増えることになります。

全体像を図表1―8に示します。

「専門技術・専門知識」とは、専門的なスキル（テクニカルスキル）のことです。業務を行うために必須となる専門知識や技術、スキル、経験等といった業務遂行能力のことです。英語力や経理の知識等、専門知識や専門技能にもポータブルスキルは存在します。

このテクニカルスキル以外のポータブルスキルを、「仕事のし方」と「人との関わり方」に分けてフレーム化しています。

学術的知見も考慮して、8つのポイントに整理されています。

「仕事のし方」が、「現状の把握」「課題の設定」「計画の立案」「課題の遂行」「状況への対応」の5点。

平たく言えば、必要な情報を収集する力、課題を特定する力、計画を立てる力、推進する力、予期せぬ状況に対応する力です。

「人との関わり方」としては、上層部や関係部署に意見を通していく「社内対応」力、パ

図表1-8　ポータブルスキルの構成要素

専門技術・専門知識 ＋

仕事のし方

成果を上げるために重要な行動		職務遂行上、特に重要であるもの
課題を明らかにする	現状の把握	課題設定に先立つ情報収集の方法や内容、情報分析など
	課題の設定方法	設定する課題の内容（会社全体、事業・商品、組織、仕事の進め方の課題）
計画を立てる	計画の立て方	計画の期間、関係者・調整事項の多さ、前例の有無など
実行する	実際の課題遂行	本人の役割、スケジュール管理、関係者、柔軟な対応の必要性、障害の多さ、成果へのプレッシャーなど
	状況への対応	柔軟な対応の必要性、予測のしやすさなど

人との関わり方

対人マネジメントで重要なこと		職務遂行上、特に重要であるもの
上司	社内対応（上司・経営層）	指示に従う必要性、提案などを求められる程度、社内での役割期待など
社内 ⇔ 社外	社外対応（顧客、パートナー）	顧客、取引先、対象者の数、関係の継続期間、関係構築の難易度など
部下	部下マネジメント（評価や指導）	部下の人数、評価の難しさ、指導・育成が必要なポイントなど

出典:厚生労働省"ポータブルスキル"活用研修講義者用テキストより転載

ートナー企業やお客様等を巻き込む「社外対応」力、チームや部下をまとめていく「部下マネジメント」力の3点です。

私は良い考え方だと思います。

自戒を込めて言いますと、エンジニアや社内で専門家と呼ばれている人たちは、ともすると自らの技術と知識に自信を持ち過ぎて、仕事の仕方と人との関わり方がおろそかになることがあります。これでは、組織では上手くいきません。

しかもその技術は、自分が思っているほどではなく、一定のレベルで似たり寄ったりのことが多いです。会社を移ると井の中の蛙であったことを実感します。

ミドル層の転職に一番必要なのは、実はビジネス基礎力だ

経済産業省は、社会人基礎力という考え方を提唱しています。

社会人基礎力とは、「前に踏み出す力」「考え抜く力」「チームで働く力」の3つの能力（12の能力要素）から構成されており、「職場や地域社会で多様な人々と仕事をしていくために必要な基礎的な力」として、2006年に提唱されました。

人生100年時代や第四次産業革命の下で、2006年に発表した社会人基礎力はむしろその重要性を増しており、人生100年時代ならではの切り口と視点が必要となってきました。

こうした状況を踏まえ、平成29年度に開催した「我が国産業における人材力強化に向けた研究会」において、これまで以上に長くなる個人の企業・組織・社会との関わりの中で、ライフステージの各段階で活躍し続けるために求められる力を「人生100年時代の社会

人基礎力」と新たに定義しました。

社会人基礎力の3つの能力と12の能力要素を内容としつつ、能力を発揮するにあたって、自己を認識してリフレクション（振り返り）しながら、目的、学び、統合のバランスを図ることが、自らキャリアを切りひらいていく上で必要と位置づけられます。

「前に踏み出す力」とは、主体性、働きかけ力、実行力です。新しいアイデアやテクノロジーを抵抗なく積極的に取り入れ、変化に前向きに対処する主体性を持ち、周囲に働きかけ、自身で試行錯誤しながら物事を進め、やり切る実行力を指します。

「考え抜く力」とは、課題発見力、計画力、創造力です。課題発見をし、創造力を持って未来に向けて計画的に課題解決を行う力を指します。

「チームで働く力」とは、発信力、傾聴力、柔軟性、状況把握力、規律性、ストレスコントロール力、です。

周囲に対して自分の考えを分かりやすく発信し多様な人と繋がり、かつメンバーの感情にも配慮し、高い倫理観を持って自分自身もコントロールできるといったコミュニケーション面での力を指します。

新しい業務に取り組んだり、人事異動で職場が変わったり、昇進で立場が変わったり、転職したり、働く環境の変化に応じて、私たちは必要なスキルを習得しなくてはいけません。

その変化が非連続であったり大きかったりしますので、習得したスキルのアップデートも求められます。

これを続けるためには、自らを振り返りながら足りないものを認識し、常に学び続けなくてはいけません。この能力が社会人基礎力です。パソコンのOSにたとえられることもありますが、私たちの能力を最大限発揮するための基盤といえます。

転職や起業は選択肢の中にある時代！　どこでも通用する人を目指す

2021年4月施行の高年齢者雇用確保措置の内容を図表1―9に示します。

5つの措置が示されており、③が再雇用制度です。

注目は、新たに導入された「④70歳まで継続的に業務委託契約を締結する制度の導入」です。

会社に雇用されてしていた仕事を、会社から独立して業務委託で受けるということです。

再雇用制度と同列の措置に上げるということは、国がシニア社員の独立を勧めていると受け止められます。

不満の多い再雇用制度を補完する位置づけで、広く普及するのではないかと、私は期待しています。

普及の意味は、65歳を超えて70歳までの働き方としてだけではなく、65歳以下の世代に

図表1-9　2020年改正高年齢者雇用安定法における高年齢者雇用確保措置(2021年4月施行)

高年齢者就業確保措置について

〈対象となる事業主〉

- 定年を65歳以上70歳未満に定めている事業主
- 65歳までの継続雇用制度(70歳以上まで引き続き雇用する制度を除く。)を導入している事業主

〈対象となる措置〉

次の①～⑤のいずれかの措置(高年齢者就業確保措置)を講じるよう努める必要があります。

①70歳までの定年引き上げ **②定年制の廃止**
③70歳までの継続雇用制度(再雇用制度・勤務延長制度)の導入 ※特殊関係事業主に加えて、他の事業主によるものを含む
④70歳まで継続的に業務委託契約を締結する制度の導入　⇒　P2、3 **⑤70歳まで継続的に以下の事業に従事できる制度の導入**　⇒　P2、3 **a.事業主が自ら実施する社会貢献事業** **b.事業主が委託、出資(資金提供)等する団体が行う社会貢献事業** ※④、⑤については過半数労働組合等の同意を得た上で、措置を導入する必要があります(労働者の過半数を代表する労働組合がある場合にはその労働組合、そして労働者の過半数を代表する労働組合がない場合には労働者の過半数を代表する者の同意が必要です。)。

厚生労働省資料(URL:https://www.mhlw.go.jp/content/11600000/000694688.pdf)より転載

も広がるポテンシャルがあるということです。

例えば、インディペンデントコントラクター(Independent Contractor：以下、IC)という働き方と親和性が高いです。

直訳して独立業務請負人と呼んだりすることもあります。

ICとは専門性を備え、プロジェクト単位で契約を複数の企業と結んで活動する個人事業主のことです。

クライアントとなる会社と期間限定の業務委託契約を結んでその会社のラインに入って仕事をします。

それまで雇用された企業に対してのみ提供してきたノウハウや知識、経験を、複数の企業に提供する働き方です。

シニアの場合、複数の企業に提供しなくて

も、それまで雇用されていた企業とだけ業務委託契約を結ぶのが現実的かもしれません。

働き方改革の一つの施策として、厚生労働省が副業・兼業を普及促進しています。この副業・兼業にも親和性の高い働き方です。

このように、独立して働くという働き方が身近に存在しているのです。


私の基本の考え方は、今いる会社で最大のアウトプットを出すことです。

もし、今いる会社で会社側の理由であなたの能力を伸ばすことができないと思うなら、転職を考えたら良いと思います。

働ける内は働きたいと思うなら、今の会社で何歳までどのような形態で働けるか確認してください。

それに納得できるなら、今の会社で働き続けたら良いです。

納得できないのなら、独立か転職を考えたら良いと思います。

その他に、突然、早期退職の対象になることもあります。

可能性は低いですが、事業撤退で職場が無くなることもあります。

このような不確定要因が気になるのでしたら、転職や独立の準備をされたら良いと思います。

いずれの道を選ぶにしても、身に付けておくと良いスキルを2章で紹介します。

私が6社経験し、そこで出会ったできる人が身に付けていた共通のスキルを選出しました。

できる人とは、私の独断で選んだ方ではなくて、それぞれの会社で多くの方が、「彼はできる」「彼女は優秀だ」と評価されていた人たちです。

彼ら、彼女らが身に付けていた共通のスキルですから、会社が変わっても通用するスキルといえます。

つまり、このスキルを身に付ければどこでも通用する人に近づくということです。

今の会社で成果を上げたい。

アウトプットを極大化したいという方には直結するスキルです。

そして、あなたもできる人に近づきます。定年までの期間をより充実させ、定年後も自律して歩むためにも欠かせないスキルです。

第2章

誰とでも
どこででも働ける
生産性3つの
スキル

I 限られた時間で最大の成果を上げるためのスキル

ビジネススキルとは働く上で必要な能力ですが、すごく多くのスキルがあります。全てのスキルをハイレベルに身に付けられたら良いですが、得意、不得意もありますから現実的ではありません。

そこで、私が出会ったできる人たちが、共通して持っていたスキルを真似てみたらいかがでしょうか。

それらを「限られた時間で最大の成果を上げられるスキル」と定義しました。スキルではありますが、仕事に取り組む姿勢であり、仕事の進め方でもあります。

生産性の高い仕事の仕方ともいえます。

もしあなたに足りないと思えるスキルが有りましたら、真似て身に付けてください。きっと、「限られた時間で最大の成果を上げられる人やチーム」に近づくことができます。

I―1 個人で取り組むこと

●どうすればできるかを考える。どうにもならないことに悩まない

手に負えない難しい問題にぶつかった時、あなたは普段どのように対応していますか。できない理由を探していませんか。

上司や同僚に頼るのが苦手で、上司や同僚の迷惑にならないようにと気を遣って相談をしていないこともあるかもしれませんね。

上手く解決できないことを過剰に恐れて、直面している問題を遠ざけていませんか。

皆さんは、このようなアプローチはダメだということをご存知ですよね。

だけど、どうして良いか分からず立ち止まってしまいますよね。

こういう時、色々と思いを巡らすのですが、「どうしよう、どうしよう」と思考が堂々巡りになっていませんか。

頭はフル回転で考えているのですが、悩んでいる状態です。

広辞林（https://www.sanseido-publ.co.jp/publ/dicts/kojirin.html）を検索しますと、悩むとは、「結論が出せなくて苦しむ。思いわずらう」こと。

考えるとは、「物事について、論理的に筋道を追って答えを出そうとすること」

と、あります。

悩み続けても、時間が経過するばかりで何も前に進みません。

その結果、手に負えない難しい問題は、仕事の山の中に埋もれてしまいます。

仕事の山に埋もれる前に、いち早く、ここから脱出しなくてはいけません。

「悩む」から脱出するとは、考える状態に移って、答えを探し始めることです。

答えを探し始める第一歩は、仮の答えを持つことです。

これを仮説といいます。

仮説さえ持てれば、それが正しいのか検証作業に移れます。

そこでどんな検証をするのか、「考える」ことが始まります。

「ちょっと待ってください。悩む状態から脱するには仮説を持つことは分かりました。でも、手に負えない難しい問題なので仮説を立てられません」という声が聞こえてきそうです。

もしかして、仮説のハードルを高くし過ぎていませんか？

あるいは、仮説が「正解でなくてはいけない」と思っていませんか？

まずは、あなたの経験と知識をもとにして、「答えは、こんなことではないのかな」と思い浮かぶことを挙げてみてください。

次に、思い浮かんだことを書き出してみてください。

そして、その中から正しそうな仮説を選んでください。

一つに絞る必要はありません。

そう言われても、思い浮かばないこともあるでしょう。

その時は、上司に相談するとか、先輩や同僚に相談するとか、社内外の有識者に相談するとかして、仮説を出す作業に付き合ってもらってください。

相談するということは、あなたが直面している問題を説明することから始まります。

問題を言葉にすることで、あなたの中で仮説が閃くこともあるでしょう。

相談相手から仮説をいただけることもあるでしょう。

相談相手との会話の中で仮説が閃くこともあるでしょう。

必ず前進します。

こうして仮説が持てたら、検証を始めます。

仮説ですから、間違いだったと分かることがあります。

その場合、新たに仮説を立てることになります。でも、それまでの検証作業から多くのヒントが得られています。それらを使って、仮説・実行・検証を素早くかつ的確に回すことができます。

その結果、結論に近づき、そして結論に到達できます。

できる人は、悩む時間を限りなく短くしています。

悩む時は、過去や他人といった変えられないものに意識が向いてしまっています。そして、仮説を立てられずに思考が堂々巡りしています。

この悩む状態から、考える状態に、速やかにシフトしようということです。

考えるとは、仮説が立てられて、その検証に向かって行動することです。

この切り替え手段として、つまり仮説を立てる手段として、上司や話を聞いてくれる人に相談する、自ら調査する。ここが大事です。

●決めつけを排除して、3つの仮説を立てる

仮説を立てるのに必要なのは知識です。

自分の知識だけで最初の仮説を立てられなければ、上司や先輩の知識を足し合わせて素早く仮説を立てます。そして検証を始めて結論に近づけます。これは非常に有効なやり方です。

ところが、この方法が上手く使えないことがあります。

ビジネスの現場では、日々様々な不具合が生じます。

それら不具合の原因は、関係者が経験したことが無い初めての事象であることが多いからです。

関係者は自らの経験をもとに仮説を立てますから、原因からかけ離れた仮説になってしまいます。そうしますと、検証を繰り返してもなかなか原因に到達しないのです。

では、どうするか。

まず、不具合事象を事実で表現します。

次に、その事実をもとに想定される原因を挙げてみます。

この作業をすることで、目の前の不具合に関する事実情報が増えます。

そして、この新たな情報と今までに経験した知識とを合わせて仮説を立てられます。

その結果、仮説の確からしさが格段に高まり、検証の回数が減って短時間で原因に行き着くことができるようになります。

例えば、出版業界の例を挙げて説明します。

Aという出版社が去年よりも売上高が下がった場合、「出版業界は年々右肩下がりの状況であるため」と経験者なら反射的に考えるでしょう。この本の編集者もそのように答えました。

これが先に挙げた、自らの経験をもとに仮説を立ててしまった結果です。「決めつけ」です。

このように決め付けるのではなく、「A出版社の今期売上が対前年で下がった」という事象に対して、想定される原因を挙げてみましょう。

可能でしたら、できるだけ多くの人に参加してもらいましょう。

事実をもとに推定原因を自由に発想して出し合う作業ですから、その分野の専門家だけでなく、専門外の方も入れると良いです。

それから、挙げられた推定原因について、「そんな訳ないだろう」という否定的な発言は控えてください。参加するメンバーの決まりごとにすると良いです。

実務ではもっとたくさんの推定原因を挙げますが、ここでは5つとしておきます。

①書店の閉店が多い
②問屋が送品数（書店に書籍を配本する数）を減らしている
③書店で注文をもらうことができない
④重版数が減っている
⑤広告を出しても、売れなくなった

次は、これら5つの推定原因の検証です。いずれも定性的な表現ですので、データを集めて定量的に検討をします。

①書店の閉店が多い
A出版社の書籍を取り扱う書店数の増減を調べます。↓結果、昨年と変わりません。

②問屋が送品数を減らしている

送品数の増減を調べます。↓結果、昨年と変わりません。

③書店で注文をもらうことができない

書店にヒアリングして事実を確認します。↓傾向がつかめません。

④重版数が減っている

重版数の増減を調べます。↓重版数が10％減っています。売上減少額の50％に相当します。

⑤広告を出しても売れなくなった

販売1冊当たりの広告費の増減を調べます。↓1冊当たりの広告費が20％増えています。

検証の結果、「A出版社の今期売上が対前年で下がった」主因は、④重版数が減っていることであり、⑤広告の効率が下がっていることも影響していることが分かりました。

こうして原因に辿り着けたら、次はその原因の対策を打つという手順になります。

ここまで簡単な事例で、不具合事象の原因究明のポイントを示しました。

決めつけていた、「出版業界は年々右肩下がりの状況であるため」という原因よりも解像度の高い課題が見つかったのではないでしょうか。

ポイントは2つです。

① 不具合事象を事実で表現する

② その事実をもとに想定される原因を挙げてみる

言ってしまえばこれだけのことです。

そして特に大事なことは、思い込みや決めつけを排除して事実をもとに考えることです。

普段、職場で発生する非定常な問題も、これと同じ手順で解決できます。

●やることを整理して優先順位付けする

「忙しい」が口癖の人がいます。

しかし、1日24時間は誰もが等しく持っている時間です。それなのに、結果を出す人と出せない人とがいます。結果を出す人は、今やることと今やらないことを整理しています。ですから、今からすることが明確です。

一方、「忙しい」と発する人は、今やることと今やらないこととが混在しているのでしょう。

整理できていないので、一日に処理できる以上の仕事を抱えてしまっているのだと思います。その上、どれから手を付けて良いのか、恐らく分からなくなっています。

図表2―1　時間管理のマトリクス

		緊急	緊急でない	
可能な限り圧縮	重要	第1領域 ●納期の迫った仕事 ●クレーム対応 ●危機や災害 ●緊急会議 ●壊れた装置の修繕	第2領域 ●効果的な準備、計画 ●問題を予測して予防 ●人間関係構築 ●自己啓発、勉強 ●装置の予防保全	できる限り拡大
減らすべき仕事	重要でない	第3領域 ●飛び込みの仕事 ●顧客の突然の来訪 ●意味のない報告書 ●意味のない会議 ●多くの出張や接待	第4領域 ●見せかけだけの仕事 ●とりとめのない会話 ●何もしない移動時間 ●無意味なメール ●暇つぶし	

S.R.コヴィー博士著『7つの習慣』をもとに著者が作成

図表2―1の時間管理のマトリクスは、スティーブン・R・コヴィー博士の『7つの習慣』（キングベアー出版）で広く認識されるようになった考え方です。時間を割くべき仕事について、重要度と緊急度の有無に応じて4つに分類するフレームワークです。

この時間管理のマトリクスの肝は、重要ではない第3領域と第4領域を無くし、第2領域をできる限り拡大して、第1領域を可能な限り圧縮させることにあります。

私たちの活動を振り返ってみますと、普段の活動がいかに緊急という基準で行動しているかが分かると思います。

緊急の用事ができると俄然張り切る人も少

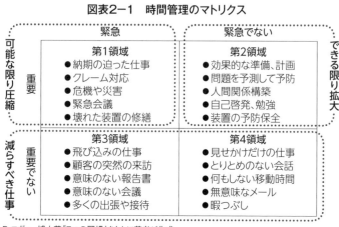

なくありません。緊急の用事の中には、皆に注目されること、簡単にできること、面白いこともあるからです。

しかし、私たちにとって、本当に重要な活動は、「緊急ではないが重要な」第2領域の活動にあります。

少し考えればわかることですが、第1領域にある「締め切り直前のタスク」といった活動は、第2領域の「効果的な準備と計画」を怠った結果であるといえます。

コヴィー博士の言葉を借りれば、「第1領域へ時間を割くことは避けられないが、第2領域へ時間を割くことによって減らすことはできる」のです。

これが、時間管理のマトリクスの見方です。

これを現場で使う時に注意することがあります。

今、第1領域の仕事A1と第2領域の仕事A2とがかち合っているとします。

私は、緊急度の高い仕事A1から着手しました。

これは正しい仕事の進め方でしょうか。

こういう時は、自分一人の判断で決めない方が良いです。

上司に、「緊急度の高い仕事Ａ１から着手しますが、良いですか」と、一言相談しましょう。

それは、重要と緊急の順位付けが、人によって、時によって違うからです。

会社はチームで仕事を進めますから、それぞれの人が認識している優先度の確認は必要です。

緊急度も重要度も状況によって変わります。

あなたの最新情報では、Ａ１の緊急度が高いことになっていましたが、Ａ１の緊急度が下がっているかもしれません。

例えば、Ａ１が関連するプロジェクトが何らかの理由で延期になっていて、その結果、Ａ２の緊急度が相対的に上がっていたとか。

そもそも、あなたの緊急度の認識が違っていて、Ａ１の緊急度は高くないこともあり得ます。

つまり、緊急度、重要度というのは相対的なものですし、状況によって変動するものです。絶対的な指標ではありませんから、上司に都度相談して、両者の合意の上決めるのが良いです。

いちいち相談していては、独り立ちできないと懸念されるかもしれませんが、会社はチームです。相談といっても、一言確認する程度です。その懸念は不要です。

人に与えられた時間は1日24時間と決まっています。

重要な仕事に割く時間を確保するには、重要でない仕事を減らすしかありません。

時間管理のマトリクスを使って、第3領域や第4領域の仕事を減らすポイントに触れておきます。

まず第3領域や第4領域の仕事を、図表2―1を参考にして認識してください。

第3領域の代表に飛び込みの仕事があります。

上司に呼ばれて、「急で悪いけど、今日中にこのデータをまとめてパワポに仕上げてください」等と、仕事を依頼された経験はありますよね。

上司が明日の会議資料の不足に気付いて、急きょ依頼したような場面です。

ところが、その資料は質疑応答用の予備資料であったりして、結局使われなかったというようなこともよくあります。

この仕事は重要だったかもしれませんが、それは上司にとって重要であって、あなたには重要ではない仕事です。同様に、突然の来訪や、「時間が有ったら出席して」程度の会議も相手の優先事項や期待に応えているだけです。

この会議には出席しなくても、会議の結論を共有されれば足ります。だけど、誘ってくれた方に悪いとか、人間関係が壊れるのではないか、と思って会議に出席してしまいます。

第4領域の活動が時間の浪費であることを、多くの方は認識しています。たまに、第4領域の仕事を忙しくしていることで、充実感を得ている方を見かけます。

それでは、自分にとっての第3領域の活動、第4領域の活動を洗い出してみましょう。

多くの方が、その日にやることを書き出して予実管理をされていると思います。手書きの手帳、OutlookやGoogleのToDoリスト、オリジナルのToDoリスト等々ツールは様々だと思います。

そこに実績が残っていますから簡単です。過去1週間か2週間と期間を決めて、その間に実行した仕事（作業・タスク）が、どの領域の仕事であったかを分類するだけです。

もしToDoリストに相当する記録が無ければ、今日から1週間、実行した仕事を記録してみてください。そして、それらを領域毎に分類してみてください。

洗い出してみると、意味のない会議や報告書の作成等々、無駄な時間が多いことにあらためて気づくはずです。

次に、洗い出した仕事を減らす方法です。

第3領域の仕事については、他の人に任せた方が効率が良くなる、自分が参加する必要はない、そもそも不要なのではないかという視点で仕事を分類します。

独断で変更はできませんから、上司か依頼した人に相談します。

他の人に任せた方が効率が良くなるなら、担当変更を提案してみます。

参加不要と思うなら、その理由を説明します。

もし提案が一度否定されても、あなたの信念があるなら、繰り返し提案し説明することです。

第4領域の仕事については、あなた自身の気持ち次第です。

第4領域の仕事をやることに、きっぱりとNOを宣言することが必要です。それが厳しければ、コーヒーブレイク程度に捉えて、割く時間の上限を設けることです。

●計画は最良だけを前提にしてはいけない。最悪も想定する

計画を立てて仕事を始めても、計画通りに仕事が進んだ経験は少ないです。

正確に言えば、最初に立てた計画通りに仕事が進むことは稀です。

精緻な計画を立てることが要求されることがありますが、私はあまり好きではありません。手間や時間を掛けて、見た目に立派な計画を作成しても、大抵はそのとおりにならないからです。

それと、見た目に立派な計画であればある程、それを作り上げた時に、仕事が完成したと錯覚してしまいます。

計画とは、まだ見ぬことを現実のものとするために、その方法や手順等をあらかじめ考えることです。

1章で触れた社会人基礎力では、計画力を「課題に向けた解決プロセスを明らかにし、準備する力」と定義し、行動例を「課題の解決に向けた複数のプロセスを明確にし、その中で最善のものは何かを検討し、それに向けた準備をする」としています。

計画を立てる時は、目指すべき具体的な目標があって、それを実現・達成するための具体的取り組みを決める必要があります。ここまでは、全く未経験の分野でなければ、今までの経験をもとにして比較的容易に決められます。

ここからです。「想定していなかった」という想定外を無くさなくてはいけないとか、突発のトラブルも見越しておかなくてはいけない。そのために、想定外や突発に繋がる課題やリスクを洗い出す作業が必要になる。

確かにそうなのですが、想定外とは想定できないことでありまして、それらを挙げ切ることは至難なことです。「そこに時間を掛けますか?」ということです。

ＰＤＣＡのＰ（計画）ができなければＤ（実行）ができないと思い込んで、計画立案に時間を掛け過ぎるのは、その業務の開始が遅れて問題です。

そこで、最初に作成する計画では、いつまでに何を実現するか、ゴールを明確にします。

次に、横軸に日、縦軸に実行することを記入できる表を準備して、実行すべきことを書き出します。

そして、中間チェックポイント（マイルストーン）を決めたら「最初の計画」は完成です。

計画が完成したので作業開始です。

作業が始まったら日々の進捗管理を欠かしてはいけません。

最初の計画に想定外や突発対応を多く盛り込んでいない分、日々の進捗管理を通じて計画を更新します。

進捗管理は、進行状況を逐一確認し、「当初の計画とズレがないか」を確認する業務です。

異常を速やかに検知するために、出社した時、昼休み前後、帰宅時と、一日に3回程度、進捗確認をするのが良いです。

ただし、業務の種類によってタイミングや回数は見直してください。

作業を進める内に新たに対応すべきタスクが発生したり、思いがけないミスで大幅な修正が必要になったり、まさに想定外の事態が発生します。

ゴールを変更しないのが大前提ですから、挽回するためにやることが増えます。それらの作業順番を組み替えたりして、ゴール達成を死守します。

想定外の事態にあなた一人で対応できなければ、関係者や上司に報告し、協力を仰がなくてはいけません。いずれも基本は「速やかに」です。

そして計画を更新した時、修正計画や挽回計画も速やかに周知し、情報を共有してください。

想定外の事態は必ず発生するという前提で備えていれば、異常に気付く感度が高まります。

異常に気付いたら、関係者に周知して応急対策をします。

その上で、挽回計画を関係者に周知します。ここを素早く回すことが肝です。

●仕事を受けたら初日に半分を済まして、互いに誤解無いことを確認するそれから仕上げる

上司から仕事を依頼された時に、あなたならどのようにその仕事を仕上げますか。

上司の課長に呼ばれて議論して、次に何をすべきか決まったとします。

課長　「いつまでにできる?」
あなた「そうですね。1週間あればまとめられます」
課長　「分かった。今日は7月1日だから7月8日だね。よろしく」
あなた「はい。頑張ります」

この場合どう対応しますか?

作業量は正味8時間としましょう。

「今日も明日も予定していることがあるから、前日の7日にまとめたら間に合うな。7日

にやろう」ありがちな予定の立て方ですね。

そして、6日後の7月7日。予定通り、朝から作業を始めました。

データ整理を始めたところで、存在するはずのデータが無いことに気付き、測定をし直すことに。

急なことで、評価装置が予約で埋まっていて使えない。

何とか頼み込んで、評価を始められたのが17時。終夜自動測定で8日朝に測定完了。


7月8日、あなたは課長席に向かいます。

あなた「申し訳ございません。まとめ切れませんでした。明後日までに、必ず仕上げて報告に参ります」

このような失敗を避けるために、「2・5・8の法則」があります。

全体の2割程出来上がった頃にまず相談にいきます。

そこで、方向性の確認をして、5割程出来上がった頃、そして8割程出来上がった頃、それぞれ報・連・相を入れたら、上司も安心しますし、納期遅れも避けられます。

図表2−2

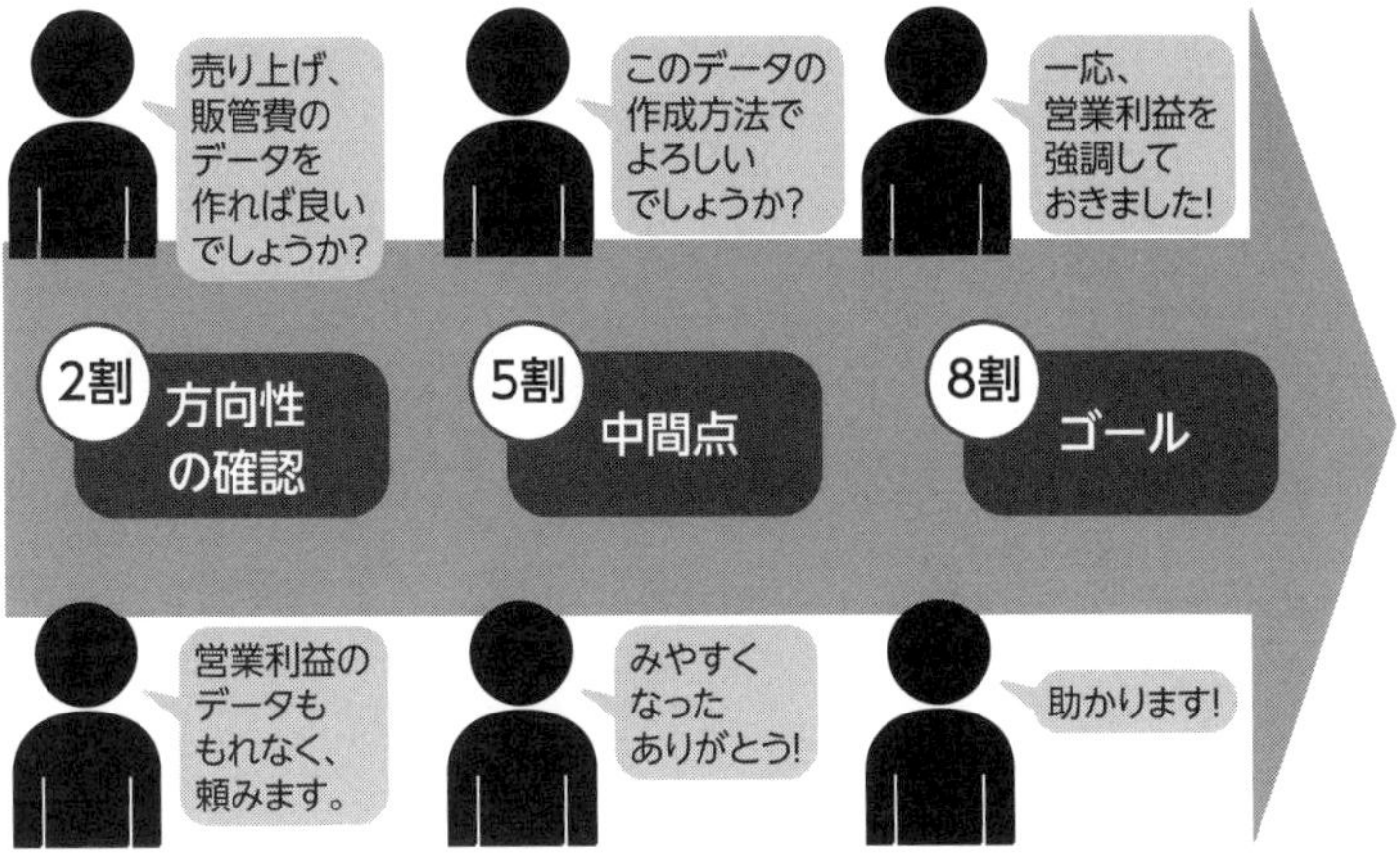

ロームでは、これをもう一歩掘り下げた運用をしています。

前の事例に当てはめますと、

課長「いつまでにできる?」

あなた「そうですね。1週間あればまとめられます」

課長「分かった。今日は7月1日だから7月8日だね。よろしく」

あなた「はい。頑張ります」

ここまでは同じです。

次に初動を7日に先延ばしにするのではなくて、あなたは、本日7月1日に着手します。ゴールを確認して、必要なデータが揃っているか、追加で調べるものがあるか、大きな流れを整理します。

本事例は、必要なデータが揃っていなかったので、再測定の手配をします。データが揃っている場合は、データ整理をして、想定の結果になりそうか否かを確認する。全体の30%〜50%を初日に済ませてしまいます。

そして次の日、7月2日。

あなたは、1日目に進めた内容を課長に報告するのです。

目的は、昨日指示を受けた内容のとおりに進んでいるか。

このまま進めて良いかの確認です。

3つの場合があります。
①課長が指示した内容とあなたの理解とが合致している。この場合は、そのまま進めれば良いです。
②あなたの理解が間違っていて、課長の指示が伝わっていない。この場合は、課長の指示と意図を、もう一度あなたが理解して、修正しなくてはいけません。
③課長の指示が変わることがあります。これは私が上司の立場になった時にもしばしばあったことです。課長の指示の仕方が悪いのではなくて、1日といえども情勢の変化があって、昨日やりたかったことと、今日やりたいこととが違うことがあります。あ

るいは、課長がその仕事のゴールを迷っていて、昨日の指示を変えたくなることもあります。どちらにしろ、課長の新しい指示に沿って修正しなくてはいけません。

②、③の場合は、1日目の作業をもう一度やり直して、3日目の7月3日に課長にもう一度相談します。大抵①になるでしょうが、②③であれば作業を繰り返します。

①となった時、残りは50%~70%です。納期を早めることが期待されるなら、2日目に一気に終えても良いです。この手順を取れば、8日まで掛かることもありません。ましてや、8日にやり直すこと等絶対にありません。

ローム社員は自然とこの動きができるのですが、他社では違います。

このやり方に慣れていない部下に対して、私は「100%仕上げる前に、途中で良いから説明して」とお願いしました。

なかなか説明に来てくれない時は、電話で催促もしました。

多くの人が、100%仕上げてからでないと報告してはいけないと思っています。「ちゃんと整理してから結論を持って来なさい」と、きつく言われたことがあるからでしょうか。そのような人たちは、私のお願い「100%仕上げる前に、途中で良いから説明して」の意味が分からなかったと言います。

ですが、一度やってみると、仕事が早く回るのを実感できます。

実感した人ほど、すぐに取り入れてくれました。

仕事を進める過程での緊密な会話は仕事の精度を上げ、そして生産性を上げます。

ただし、上司も部下もそれを理解していないとできません。

●午前、午後に報・連・相をしよう

報・連・相は当たり前のビジネスマナー。その意味が「報＝報告」「連＝連絡」「相＝相談」であることは周知のとおりです。

「報・連・相はし過ぎて悪くない」これは、ヤマハの係長研修で講師が話した一言です。

25年以上前のことです。

当時、報・連・相をどんな頻度でしたら良いのか、答えを持っていなかったので、この一言がスッと肚落ちしました。

これは私が課長、部長になった時に、部下にも伝えたことです。

上司の立場、つまり報・連・相を受ける立場になって感じたことですが、報・連・相の頻度が多い人は好印象になるものの、印象を悪くすることはありませんでした。

それから、ロームに在籍していた時のことです。

副本部長に昇進して京都本社に転勤になった初日、上司の常務に挨拶にいきました。そこで、「山葉君、明日から、午前と午後の2回、話（相談）をしに来て」と、指示されました。

プロパーでない部長が急に副本部長になって京都本社に行ったばかり。右も左も分からない中で、相談事がそんなにたくさんあるわけではありません。相談事項を探すために本部内をウロウロしました。結局、1日2回は実現できませんでしたが、相談に上がれば、そこから発展して色々な話ができました。

報・連・相を意識的にするようになって身に付いた良いことです。

ビジネスで人に話すということは、話す内容が整理されてなくてはいけません。

進捗報告であれば、計画に対して遅れているのかオンスケ（計画通り）なのか。「遅れている理由は○○で、挽回計画はこのとおりです」こんな具合に、いつでも1、2分で要点を話せる癖が付いたと思います。

オンスケをいちいち口頭報告するのかと、戸惑うかもしれません。

そんな時は、メールで伝えたら良いです。「〇△プロジェクトの進捗につきまして、本日時点で計画通りに進捗しています。納期を守れる見込みです。以上」と。頻度は、不定期でも、週に1回でも、月に1回でも、状況次第で選べば良いと思います。

もし、遅れているようでしたら、挽回計画を説明したら良いです。

挽回計画に自信が無ければ、不安な点を列挙して相談したら良いです。

その時に、きれいな資料を作る必要はありません。

日々使っている進捗管理表を持参すれば十分です。

社内のしかも自部署の報告・相談用に、わざわざ資料を作り直す時間は無駄です。

上司に報告相談することを意識して、緊張感を持って仕事をしていると、ポイント、ポイントで要点をまとめるという癖が付いて、私自身が業務を正確に把握できるようになりました。それを関係者で共有する手段が報・連・相であります。

I―2 チーム・部門で取り組む力を高めよう！

●会議室は要らない。面と向かって話すのが基本のコミュニケーションスタイル

報・連・相はし過ぎて悪くないと分かっていても、なかなかタイムリーには行けないも

のです。

その要因の一つが、報・連・相する相手が席に居ないことです。

人にもよりますが、部長クラスは席に居ないことが多いと思います。

主な理由は、出張と会議です。

時間管理のマトリクス（図表2―1）で触れたように、第3領域の出張や会議でないか、是非見直して欲しいです。中には、手帳を予定で埋めることで充実感を味わっている人がいました。恐らく第3領域や第4領域の出張や会議が多く書かれていたのだと思います。

仕事の重要度を計る時に、部下との会話が最重要という考えになってもらわなくてはいけません。

出張や会議は代わりが効きますが、部下との会話は1対1が基本です。

代わりが効きません。

報・連・相をメールや報告書の回覧で済ます会社がありますが、これは上司には負担になります。読解力を磨け！　と怒られそうですが、まず、斜め読みでは理解が難しい。

背景を知らないと、精読しても理解できないことがあります。

読みながら確認したいことが出て来たら、私は電話して聞くようにしていました。近くに居る時は、来てもらって口頭で補完してもらいました。

目の前に来てくれると、本件以外でも気になっていたこととか話題にできます。やらなくても良い仕事を、工数を掛けて実行していることが分かったりします。小さな事象であっても、話題にすることで、気付くことがあります。


報・連・相がきっかけになって、上司と部下が一緒に考えるようになります。

一緒に考えて、あることを試してみようということになると、一緒にその結果を注目します。

一緒にその結果を見て考察する。では、次にこんなことやってみようと続いていきます。このような経験を共有すると仲が良くなり、上司の前で、自分の考えや意見を安心して発言できるようになります。

まさに雑談ができる関係です。

これを「心理的安全性が高い」と言うのだそうです。最近の言葉で表すと、「自走式の組織」ということですね。

ですから私はなるべく席に居て、報告してもらうようにしていました。

それでもずっと在席しているわけではないので、あらかじめメールや電話でアポを入れてもらうこともありました。

基本的には自席で話をします。

机の前に丸椅子を置くか、自席の横に小さな打合わせテーブルを置いていました。自席で話すということは、会議室の予約が要りません。

会議室の予約と時間調整も無視できない時間のロスです。

会議が多い会社では、会議室が空かないので、このロスを非常に感じます。15分程度の打合わせをするのに、今日ではなくて明日にするなんてまさに無駄です。

自席で話していると、周りに漏れ聞こえてしまいます。ただ私は、それ位が丁度良いと思っていました。私の思いや考えが自然に拡散するからです。

もちろん、プライベートな内容を含む時は、会議室のような声が漏れない空間で話をするようにしていました。

実は、これらはロームで慣れたスタイルです。

ロームには社内会議用の会議室がほとんどないのです。

お客様との会議室や応接室はもちろんあります。また、役員会や四半期業績報告会に相当する会議をする大きな部屋はありました。しかし、その他の定例的な社内会議が原則無いので、それで困らなかったのだと思います。

会議室は少なかったですが、打合わせ場所は多くありました。テーブルと丸椅子とホワイトボードのセットです。それらが、事務所の机に混じって置かれたり、廊下に長細く置かれたりしました。それと、部長席の横に置かれていました。

打合わせが必要な時、関係者が集まってすぐに議論が始められる仕掛けであったと思います。それと、部下が相談に来た時は、部下との会話を最優先にするという大原則がありました。仕事を止めて話を聞く。不文律であったように思います。

これだけ受け入れ態勢を整えても、報・連・相をしない部下がいます。そのタイプの人には、上司から「進捗報告をしてくれないかな」と、声を掛けると良いです。そして、業務上の課題を話してもらうようにするのです。

また、相談を受けた時に、話がどんどん展開して、次にすべきことを決めてしまうことがあります。そんな時は、関係者に急きょ集まってもらって、彼らを交えて決めるようにしていました。ところが、急に集めるので参加できない人もいます。参加できなかった人には、参加者から説明してもらうようにして周知していました。もちろん、そこで決めたことが変更されることもあります。

そうであっても、速やかに決めて前に進み出すことの方が生産性は高いです。止まっていては何も生まれません。

さて、1対1のコミュニケーションは、テレワークと親和性が高いです。

相手の目を見ながら話した方が、意思の疎通を図りやすいので、電話よりもWEB会議サービスを利用する方が良いです。

話をする。これが業務遂行の基本です。その重要度を再度認識して会話を増やしてください。

●チームの関係者とは、背景・目的・目標をまず、口頭で共有する

できる人は、自分一人でカバーできる仕事の範囲や量を把握できています。

どんなに良い結果を出せるとしても、全ての対応を自分一人で行っていては、いつかは手が回らなくなります。

また、効率面だけでなく専門性においても壁にぶつかることになります。様々な分野に

おいて深く専門知識を有することは難しいからです。

自分一人でやり切れないところは、社内の適任者に分担します。

できる人が、気持ち良く仕事をしてもらうために意識して実行していることがあります。

それは、その作業の背景と目的とを説明し、さらに、当面の目標も口頭で説明して共有しています。

お願いする相手の上司にも同様のことをします。

メールだけで済ますことは決してしません。

口頭で、相手の疑問や不安に答えながら説明する姿勢を通します。

もう一つは、お願いすることは、大抵、自分の不得意なことであったり、専門でないことです。その事実を相手に正直に伝えています。つまり、虚勢を張らないということです。

一緒に仕事を始めてからは、情報の更新を徹底します。これが一体感に繋がります。こうして、一緒に仕事をする楽しさを共有しています。

この巻き込み力は、リーダーや管理職こそ身に付けていなくてはいけないスキルです。


これは、プロジェクトを始める時に見かける良くない例です。

プロジェクトリーダーは、必要最小限のメンバーを選任すべきです。

それは、一体感を保ちやすく、機動力を高めやすいからです。少数精鋭。実際に動いてくれるメンバーをアサインすべきです。ところが、関係部署の課長や係長という責任者をアサインしてしまいます。

他部署に気を遣っているとは聞こえは良いですが、メンバーの選任はプロジェクトリーダーの思いを通すべきです。

さらに良くないのは、今は手助けが必要ではないのに、関係するであろうとか、声を掛けておかないと悪いからと、ご近所付き合いみたいな感覚でメンバーを増やしてしまいます。

実際の業務を分担しないメンバーが増えると、それに伴って機動力が低下します。心当たりがあれば、見直しを強くおすすめします。

もう一つ、情報共有という観点で触れておきたい事例があります。

メールの使い方についてです。

メールで情報発信する時に、ＣＣに非常に多くのメンバーを入れることが常態化している会社がありました。

正確に数えたことはありませんが、30人以上も決して稀ではありません。

メール本文の宛名は、各位。一体、誰に伝えたいメールなのでしょう。

これは、「迷ったらCCに入れる」ことが浸透してしまったからです。

恐らく、過去に、メールの連絡がないことを怒った幹部がいたのでしょう。

そのお怒りが拡散されて、CCに入れることで、自分の身を守ろうとする人が増えたのです。上司から「なぜ、報告しなかったんだ」と怒られた時に、「私はちゃんとメールを送っています」と、言い逃れできるようにしたのでしょう。

しかし、メールのCCに入れたからといって、報告や共有の責任を果たしているとはいえません。「とりあえず送りました」という姿勢では、情報共有は機能しません。

情報共有するには、「このメールはあなた向けの情報です」ということを明確にすることが最低限必要です。

●チームで活動する時もリーダー自ら考えることを怠らない

ここで、リーダーシップとマネジメントの違いを確認しておきます。

リーダーシップとマネジメントは、どちらも組織の成果を上げるという意味で目指す方向は同じですが、異なる能力を指しています。

リーダーシップは組織の目標達成のためにメンバーを導いていく能力であるのに対し、

マネジメントは成果を上げさせるための手法を考え、組織を管理する能力のことです。課長や部長といったラインの長、つまり部下を持つ者は、リーダーシップ能力とマネジメント能力のどちらも求められます。

一方、ラインの長でない者、つまり部下を持たない者は、マネジメント能力は必要無くとも、リーダーシップを持つことは重要です。リーダーシップは立場や役職に関わらず発揮されるものであるのに対し、マネジメントは役職を持った立場の者が組織を管理する手法です。

また、リーダーシップを発揮するのはリーダーだけでしょうか。リーダーの役割が、計画構築、率先垂範、指示・統制ですから、リーダー以外の人が指示するわけにはいきません。

船頭多くして船山に登る状態になってしまいます。

しかし、メンバーは、自発的に動き、率先して仕事で成果を挙げることはできます。チームにそんなメンバーがいると本当に頼りになります。そう、リーダーシップを発揮するのはメンバー全員です。一人ひとりが身に付けるべきスキルです。

できる人は、自発的に動きます。

チームの課題を自らの問題として捉え、自律的かつ本気で知恵を出し、問題発見や問題解決に向けて行動します。自分事として課題を捉えているので、指図がなくても自分で考え、動くため、仕事のスピードが上がります。また真剣に考え、行動していますから、アウトプットの質は高いです。

リーダーシップの無いリーダーをアサインしてしまった事例を2つ紹介します。

一つは、自分で動き過ぎてしまうリーダー。

もう一つは、自分で何もしないリーダーです。

自分で動き過ぎてしまうリーダーは、率先垂範のつもりなのか、何でも自分で進めてしまいます。メンバーにも事細かに指示しますが、分解されたタスクが指示されるので、メンバーはそれを処理するだけです。メンバーが課題を自分事として考える隙を与えていません。

一方、自分で何もしないリーダーは、メンバーをアサインして、メンバーにゴールを伝えるだけ。メンバーに計画を作らせ、それを集めて編集して進捗会議を主催する。メンバーのノルマ管理に終始します。こういうリーダーだと部下が育つかもしれませんが、仕事の成果が不安です。

●会議は次にすることを決める場である

会議といっても、目的によっていくつかの種類があります。

主なところでは、「報告や連絡のための会議」と「意思決定のための会議」です。

その他にも、課題の原因を皆で考える会議とか、スケジュール再構築の会議や各種委員会の定例会等があります。


まず、報告や連絡のための会議には、四半期業績報告会（QBR：Quarterly Business Review）や、半期毎の会社方針説明会もあるでしょう。

どちらも、トップ及び部門長の所信表明の場であり、社員との情報共有に有効だと思います。


さて、本項で注目するのは、「意思決定のための会議」です。

社内で一番開催回数が多い会議だと思います。

ですから、所期の目的通りに、意思決定の場にしなくてはいけません。

ところが、実際には情報共有の場で終わることが多いです。

図表2—3　会議の手順
【会議】会議ですべき事、している事

	Do	Check	Action	Plan
あるべき会議の姿	各自でデータを整理	データを共有し、各自で検証済ませた上で、会議に参加	【会議】 全員で論議、合意	【会議】 全員で計画の修正、再設定
よくある会議の姿	【会議】 各自が結果の説明。時にデータ整理が不十分でQ&Aに終始	【会議】 ●会議の場で初めてデータを見るので、考察が深まらない ●声の大きい人の主張が通る	【会議】 全員で論議するが、時間切れで、合意に至らず議長の一言「皆さんの意見をまとめて、進めておいて」	主担当に一任

皆さんもそんな風に感じていませんか。

「意思決定のための会議」は、ＰＤＣＡサイクルのAction、つまり改善をするために皆で集まって議論をします。

議論をして参加者の合意を得ます。そして、次にすることを決めます。これが会議の目的です。

ところが、よくあるのはこんなことではないでしょうか。

図表2—3の下段です。

会議前に検証結果の共有をしていません。会議が始まって、Doの担当者が順々にデータ整理の結果と検証結果を発表します。データ整理が十分でなかったり、検証の仕方に問題が認められたりすると、次から次に質問が出てQ&Aに終始してしまいます。酷い時は、データ整理のやり直しになることもあります。

次に、検証結果の確認になりますが、初めて見るので考察が深まらない。

そんな時に、何となく正しそうな発言があると、しかも自信満々に言い切られると、皆がその見解になびいてしまいます。

ここに、「声の大きい人の主張が通る」という誤解が生まれます。

実は、あなたが深く考察できていなかっただけなのです。

この会議は2時間です。既に1時間45分経過して、残り15分。その日の予定が一杯の参加者は、「次の会議があるので予定通り15分で終わろう」なんて言い出します。

そうすると、議長がおもむろに、主担当者に向かって、「意見がたくさん出たので、それらを整理して、次にやることをまとめください。それを議事録に載せて配布してください」等と、言ってしまいます。

ただ、この指示こそ、この会議ですることだったのではないですか。

本来の目的を実現する会議にするためには、会議が始まる前に、表の上段の準備をしなくてはいけません。

つまり、Doの担当になっている者は、それぞれがデータを整理して、Check（検証）を済ませます。この検証結果を、会議参加者で共有します。会議参加者は内容をあらかじめ理解して会議に臨みます。

そうすれば、会議では議論から始められます。そして、皆が同じ認識から議論に参加できます。その結果、皆が肚落ちする結論が得られるのです。

あなたが会議を主催する立場であれば、表の上段のように進めてください。

Doの担当者には、会議2日前までに検証を済ますように指示してください。

会議参加者には、会議までに、それら検証結果を共有し、自分なりに検証を済ませておくことを指示してください。あなたの行動が変われば、会議が理想形に近づきます。

あなたがDoの担当者であれば、指示が無くとも、会議2日前までに検証を済ませてください。そして、会議前日には、あなたの検証結果を会議参加者に配布してください。あなたのその行動が、改善のきっかけになります。

会議をするならこうあるべきと書きましたが、そもそも大勢を集めて会議をする必要があるかを考えるべきです。

「意思決定のための会議」を対象にしています。

意思決定の局面は頻繁にありますが、その都度、時間と場所を決めて、関係者に周知して、大勢の人を拘束しなくてはいけませんか？　そんなことはありません。

責任者と主務者で大抵のことは決められますよね。

決めたことを関係者に周知すれば良いだけです。

この方が、仕事が進むスピードも速いです。

ロームを離れたあとに3社を経験しましたが、いずれの会社も会議が多く開催されていました。ずっと以前から開いていた会議は、社員がその開催に何の疑問も持っていません。

「この会議止めてみたらいかがですか」と提案してみても、「この人、何を言い出したの？」と怪訝な顔をされながら、「昔からやっていますから、止められません」といった答えが返ってきます。現状維持バイアスですね。

皆が集まる会議をしなくても、物事が進む会社を経験したので、会議の多さが異常に見えるのですが、そうでない方には当たり前の行事になっているわけです。

そういったことを修正するタイミングとしては、収益が厳しい状況になり、経費削減に関連して、会議時間の見直しがテーマに挙がる時です。

そういうタイミングで廃止するのが良いと思います。

もしくは、課長職や部長職の方が、私は大勢を集めた会議はしないと決めていただければ、会議レスの考え方が広まっていくと思います。

●一年に一度、業務仕分けをして、やらなくて良いことを止める

一度決めたことを止められない傾向は大抵の職場で見られます。

例えば、他の部署や上司からデータの提供を依頼されて、それが定期的に提供するようになることがあります。提供する部署では、それをルーティンワークに落として提供し続けます。頼まれたからやっていると、大義名分が立ちます。

ところが、そんな資料の中にも、頼んだ側がそこまでは必要でなくなっていたというものもあります。この手の行き違いを気付く方法として、定期配信を止めてみるのが有効です。

「あれ、今月の資料はまだ?」と、問い合わせがあれば、その資料は使われていたことの証拠でもあります。

寂しいことに、何のリアクションも無いことがあります。

それは、もう不要な資料だったという証拠。そうであれば、資料作成を止められます。

日々の業務の中で、新たなニーズに応じて次々と新しい仕事が作り出される一方で、止められるのに止めない仕事が存在しています。

それが延々と続くのにはいくつかの理由があります。

1つ目は、ルーティンワークに落ちていて、効果云々ではなくて、やることが当たり前になってしまっている場合です。

2つ目には、仕事の効果が悪いことに気付いているのですが、止めるとなると関係者の承認が必要等手間が掛かる場合です。

3つ目は、少しではあるものの効果が出ていると感じてしまっている場合です。ただし、その効果は当事者の安心のためということが少なくありません。

客観的にデータを見れば、効果は無いと判断できます。

それから、4つ目が、神話と化している場合です。それをやらないと問題が発生すると、皆が疑いなく受け容れている業務です。

この種の仕事は、どこの職場にも存在しています。

新しい職場に赴任すると、そこの職場の業務を書き出してもらっていました。その中で止められる仕事がないか、見直してもらうことをしました。

ところが、大抵の場合、「止められる仕事はありません」という報告が返ってきます。それは、担当している全ての仕事に価値があると信じているからです。

そして、少しでも効果があれば止められないという主張になります。

そこには、止めてしまったら自分の仕事が無くなり、やる事がなくなってしまうと不安を感ずる人も混じっています。


書き出してもらうのは、その部署が担っている全ての業務です。

担当者毎に、作業、資料作成、報告、会議という分類で担当業務を挙げてもらいます。各人が担当していることですので、抵抗なく書き出してもらえます。

そして、それぞれの業務に対して、次の項目が当てはまるか自己評価してもらいます。当てはまることがあれば、その旨備考に書き添えてもらいます。

① 実施する目的が分からない
② 実施する必要が無いと思う

③　実施しなくても誰も困らないと思う
④　他の部署でも同じことを実施している
⑤　実施の頻度を下げても良いと思う
⑥　私が担当しなくても良いと思う

部署の単位は会社の規模で異なります。業務総数が100から200位になる規模が良いと思います。

1回目は書き出してもらっておしまい。

一気に進めると反発が大きくなります。

それは、全ての仕事が定着しているからです。

これを四半期か半期に一度位、定期的に行うようにします。

業務の仕分けとでも呼んだら良いです。

実は、この仕事は不要ではないかと感じている人は居るものです。

この仕分けを繰り返していると、担当から「この仕事は止めても良いと思っていました。止めようと思います」と、提案が上がり始めます。

提案があれば、上司は話を聞いて要・不要を調べます。

その結果、不要と判断できたら止めたら良いです。

あるいは、やり方を見直して負荷を軽くすることになるかもしれません。

逆に、仕事の価値を理解せずに担当している場合もあります。その場合は、「この仕事は止められない。それは、こういう効果があるからだ」と、担当者に説明できる貴重な機会になります。


定常業務の要・不要は、現場では判断できないものです。

特に、製造現場は、決められたことを決められたとおりに実施するのが原則だからです。

できるだけ上位の役職の方が現場の作業にも関心を持って、要・不要を判断するようにすれば、担当レベルで止めようかどうしようか迷っている時間も不要です。

こうして価値を生まない仕事はやらないという基準が定まれば、各自がその都度判断できるようになります。

仕事を減らすことは、生産性を上げる非常に効率の良い方法です。

Ⅱ 本質を読めれば大丈夫！会計スキル

「経理は苦手！」という人は少なくありません。

一つには、聞き慣れない専門用語が多いからでしょう。

自己啓発の一環で、簿記の勉強を始めたものの挫折した人は、なおさら敬遠してしまいます。私も挫折した一人です。仕訳で躓きました。

「仕訳ができたからって、実務に役に立たないじゃん」そんな言い訳を自分にして、脱落した者です。

そんな私に「山葉さんは、仕訳を覚えて財務諸表を作る立場ではありません。我々が作る経理データを読めたら良いのです」と、教えてくれた経理部長がいました。

スッと肚落ちしました。そして、この言葉は多くの方に当てはまると思います。

経理に明るいビジネスパーソンは一目置かれます。経営に関する議論に抵抗なく加われるようになりますし、会社の現状を数字という観点からも理解できるからです。

ですから、これを機に、食わず嫌いを止めて突破してみましょう。


会計、経理、財務という言葉を最初に整理します。

皆さんの会社に、経理部や財務部があっても会計部はないのではないでしょうか。会計は経理と同じに見られる場合が多いようです。

英語では、会計・経理がaccounting、財務はfinanceです。

会計とは、企業に出入りするお金の管理全般のことです。


会計に含まれる業務の内、特定の業務を指して経理と呼びます。

日々の業務として、伝票の起票、帳簿記帳や請求があります。

これらのお金の情報をもとにして、貸借対照表（B／S）、損益計算書（P／L）、キャッシュ・フロー計算書（C／S）等の財務諸表を作成します。

そして、税金の申告も経理の業務です。

さらに、ヒト・モノ・カネ等の経営資源を最適に活用する方法を、検討することが経理の重要な役割です。経営管理の略称が経理なのです。

財務の業務は、経理が作成した財務諸表データをもとに資金計画を立てて、実際に資金を調達し運用していくことです。

本書で会計スキルとしたのは、対象が会計・経理の領域だからです。

●財務会計と管理会計の違いを理解する

会計は英語でaccountingですが、この語源はaccount for（説明する）です。

会計は、会社に出入りするお金の管理全般でしたね。この管理全般の中に、説明するという役割もあるのです。

さて、誰に説明するのでしょうか。

1つは、社外の人です。

株式会社の場合、経営者は株主から経営を任されています。仕事を任された人は、任せた人に結果を説明する義務がありますね。

経営者は、株主に会社の成績を説明します。

株主総会や四半期毎の決算報告です。

その他に、税金を納めますので、税務署に説明が必要です。

図表2−4　財務会計と管理会計の違い

	財務会計	管理会計
誰のため	会社外部の人 株主、税務当局、債権者、金融機関、投資家	会社内部の人 経営層、従業員
何のため	財務情報の提供	経営管理情報の提供
内容	会計基準に準拠	企業毎に任意
書式	財務諸表	任意に設定
期間	会計期間:原則1年、上場企業は四半期	任意に設定

そして、お金を借りている銀行等の債権者、取引先やお客様にも説明します。

こうした説明を目的とした会計を財務会計といいます。

もう1つは社内の人です。

経営計画を立てたり、資金繰りを予測したり、投資の経済性を判断したりと、経営判断や会社運営で意思決定をする時に参考とする会計です。それが、管理会計です。

図表2—4に、財務会計と管理会計の違いを整理しました。

財務会計は、財務諸表（貸借対照表、損益計算書、キャッシュフロー計算書）を用いて、株主、税務当局、債権者や金融機関に経営状態を報告します。

財務諸表は会計基準に則り作成され、公正に取引を行うために内容の正確性が重視されます。

一方で、会計基準を世界で統一した方が良いのではないか、という考え方が広まっています。その流れを受けて世界版の会計基準であるＩＦＲＳ（イファース、国際財務報告基準International Financial Reporting Standards）が世界中で採用されつつあります。

日本は日本の会計基準を使っていますが、ＩＦＲＳと大きく処理が違っていると海外の投資家が日本の決算書を見て判断を間違えてしまいます。

そこで、日本の会計基準の内容を極力ＩＦＲＳに近づけていく取り組みが続けられています。

管理会計は、基本的に内部の関係者のみが見るため、制度に縛られない自由な会計です。そして関係者が使いやすいようにカスタマイズされますので、会社が違うと管理会計も変わってきます。とはいえ、全く違うというわけではなく、ある程度の型はあります。

皆さんも触れる機会が多い予算管理と経営分析が管理会計の代表です。

まずは中長期の事業計画を策定し、いつまでに何をどのように達成するか、という計画を立てます。これが予算計画です。目標とする利益を達成するために、売り上げをいくらにするか、経費をいくらにするかを決めていきます。

部や課の単位で作成して集計しますから、予算計画の作成に関わった読者も多いと思います。

予算計画が取締役会で承認されて実行されます。

実行段階では、やはり部や課の単位で、予算と実績の差異管理（予実管理）をします。

今月は売り上げが厳しいから、消耗品は来月購入しようとか、残業は抑えようという指示が飛びますよね。

加工設備を増強したいけど、設備投資予算を取ってあった？ そんな会話もあると思います。これが管理会計の代表の予算管理です。

もう一つは、自社や自部門の経営分析です。

これが重要なのですが、会社によって大きく違います。

経理部門が指標の数値を示すだけで、現場ではその指標の意味が分かっていない会社もあります。

ここで皆さんに簡単な質問です。

あなたは、自部門の損益分岐売上を知っていますか？

自部門の限界利益率を知っていますか？


これらは経営分析の基本数値ですが、答えられた方は多くないと思います。

あなたの会社で、このような分析をしていないだけですから、心配要りません。

本書で理解を深めてください。


管理会計の目的は、適正な利潤を上げることです。

そして、その手段として経営管理情報が提供されて経営分析があります。

どこの会社でも経理部門が経営分析の手法を説明してくれますが、現場のビジネスパーソンがなかなか使えるようになりません。

そこで、現場のビジネスパーソンが自ら考えて動けるように、身近な題材から経営データの見方を説明します。自部門のデータと照らし合わせて読んでいただければ、自部門の問題が明らかになると思います。

図表2−5　全部原価計算と直接原価計算

	全部原価計算	直接原価計算
製品原価 （売れた分を計上）	全ての製造原価	変動製造原価
期間原価 （発生した分を計上）	販売費及び一般管理費	固定製造原価 販売費及び一般管理費

●直接原価計算による管理会計がどこの現場でも羅針盤になる

全部原価計算や直接原価計算という言葉をご存知でしょうか。残念なことに、その単語が何を意味しているのかイメージできないですよね。

全部と直接に関連が無いですし。経理の専門用語には意味をイメージできない単語が多くて、それが経理嫌いになる一因だと思います。

その点から、この項は踏ん張りどころです。分かりやすく説明しますので、付いて来てください。

最初に、全部原価計算と直接原価計算との違いを図表2―5で説明します。

全部原価計算は、会計基準である原価計算基準の第一章四（二）に定義されています。

「製品原価とは、一定単位の製品に集計された原価をいい、期間原価とは、一定期間における発生額を、当期の収益に直接対応させて、把握した原価をいう。（中略）通常、売上品およびたな卸資産の価額を構成する全部の製造原価を製品原価とし、販売費および一般管理費は、これを期間原価とする。」

つまり、製品が売れて初めて費用となる製品原価に、全ての製造原価を計上するのが全部原価計算です。損益計算書でおなじみです。

一方、製造原価の内、変動費分を売上原価として計上し、固定費分を期間原価として計上するのが直接原価計算です。

さて、直接原価計算が管理会計に向いている理由があります。

それは、コントロールできない変動製造原価（変動費）とコントロールできる固定製造原価（固定費）に分けているからです。

変動費は、材料費や外注加工費です。

値下げ交渉で費用を下げることはできますが、売上増分を相殺する効果は期待できません。

一方固定費は、人件費、経費や設備投資（減価償却費）です。

これらは経営者が必要量を計画し、投入する費用です。固定費の投入を誤ると、過大投資による赤字や、過小投資による機会損失を招きます。コントロールしなくてはいけない固定費を分けて示すのが、直接原価計算なのです。逆に、全部原価計算では変動費と固定費が混ざっていますので、特に固定費のコントロールができないのが致命的です。

この事実は、多くの学術論文や書籍で言及されています。

ところが、川野克典教授の調査（「日本企業の管理会計・原価計算の現状と課題」、商学研究30号、２０１４年）では、管理会計に直接原価計算を採用している企業が37％でした。残りの63％は財務会計で使う全部原価計算を採用しているものと推察されます。

管理会計に全部原価計算が広く使われているのは、全部原価計算が会社の財務会計として存在しているところに、新たに直接原価計算を持ち込もうとするからです。

恐らく、社内に2つの基準を持つ煩雑さを避けるために、全部原価計算を管理会計でも使っているものと考えられます。

私は役員として、いずれの管理会計の会社にも在籍しました。

直接原価計算で管理会計をしている会社を経験したあとに、全部原価計算で管理会計をしている会社に在籍しました。

直接原価計算で管理会計をしている会社の方が、現場の多くの社員が、自職場の損益改善に対して自律的に動いていていました。詳しくは後ほど説明します。

さて、全部原価計算では、販売数以上に製品を作っても、売れなければ費用化しません。つまり、全部原価計算では、製品が売れようが売れまいが、できるだけたくさん作った方が、在庫（棚卸資産）が増えて、対象の決算期の利益は出やすくなるのです。

期末に在庫を積み上げて利益を増やすことは、粉飾決算の手口として古くから知られています。これは損失の先送りでしかなく、まさに、経営の意思決定を誤らせている事例です。東芝の不正会計問題（https://core.ac.uk/download/pdf/230314889.pdf）の要因の一つでもあります。

それでは、例題を使って全部原価計算と直接原価計算とを比較してみましょう。

図表2―6です。

図表2−6　全部原価計算と直接原価計算　例題1

	全部原価計算	直接原価計算
販売数・金額(a)	8万台・960万円	8万台・960万円
生産数	8万台	8万台
製造総原価 実際に使ってる金額	800万円	800万円 変動費200万円 固定費600万円
損益計算に使う 製造原価(b)	8万台生産分 800万円 期末在庫が無いので 次年度繰り延べも無い。	変動費8万台生産分 200万円 +固定費600万円 計800万円
売上総利益(a−b)	160万円の黒字	160万円の黒字

ここに売値120円の製品があるとします。

変動費は1個当たり25円、労務費や経費等の固定費は年間600万円かかります。

まず、年間8万台を生産して販売している場合を計算してみます。

ここで考察を容易にするために、期初在庫は無かったとします。

実際に使っている製造総原価は800万円です。

全部原価計算で使う製造原価(b)は、期末在庫が無いので、次年度繰り延べもありません。したがって、800万円です。

直接原価計算で使う製造原価(b)は、変

図表2−7　全部原価計算と直接原価計算　例題2

	全部原価計算	直接原価計算
販売数・金額(a)	6万台・720万円	6万台・720万円
生産数	8万台	8万台
製造総原価 実際に使ってる金額	800万円	800万円 変動費200万円 固定費600万円
損益計算に使う 製造原価(b)	6万台生産分 800万円×(6万/8万) =600万円 **期末在庫2万台分の200万円が次年度に繰り延べられる。**	変動費6万台生産分 200万円×(6万/8万) =150万円 +固定費600万円 計750万円
売上総利益(a−b)	120万円の黒字	**30万円の赤字**

動費が25円×8万台で200万円。

今期使った固定費が600万円で合計800万円です。

これより、売上総利益はどちらの計算でも160万円の黒字です。

実は、生産量と販売量が等しい場合にのみ、全部原価計算の損益と直接原価計算の損益が一致します。

では次に、8万台生産したものの、営業予測が外れて6万台しか売れなかった場合はどうでしょう。

図表2—7です。前述した作り過ぎた場合です。ここでも考察を容易にするために、期初在庫は無かったとします。

実際に使っている製造総原価は800万円

です。1台当たりの製造原価は、800万円÷8万台＝100円です。

全部原価計算で使う製造原価（b）は、総販売台数6万台分の製造原価になりますので、100円×6万台＝600万円です。

2万台が期末に在庫として残り、製造原価100円×2万台＝200万円が次年度に繰り延べられます。

直接原価計算で使う製造原価（b）は、変動費が25円×6万台で150万円。

今期使った固定費が600万円で合計750万円です。

これより、全部原価計算の売上総利益が120万円の黒字に対して、直接原価計算の売上総利益は30万円の赤字になってしまいます。

販売数以上の生産をすると、全部原価計算の利益が直接原価計算の利益よりも大きくなります。

経営者でしたら、どちらの数字を使いたいでしょうか。

売れなかったから200万円が次年度に繰り延べられますが、200万円は今期既に使ったお金ですよね。

今期120万円の黒字であったとしても、繰り延べた2万台が売れなかったらどうですか。売れないことが確定して廃棄することになれば、そこで200万円の費用計上をしなければなりません。これは損失の先送りといえます。売れなければ費用化しなくていいこと、これが全部原価計算の矛盾であり限界です。この矛盾を解決するのが、直接原価計算です。

●直接原価計算は変動費と固定費の分解から始まる

あなたの会社の管理会計は、全部原価方式と直接原価方式のどちらに近いですか。

ここからの内容は、直接原価方式だからできる経営分析です。

全部原価方式では出来ないことばかりですから、あなたの会社が全部原価方式に近い管理会計でしたら、直接原価方式の威力を知っていただけると思います。


直接原価計算が管理会計に向いている理由は、コントロールできない変動製造原価（変動費）とコントロールできる固定製造原価（固定費）に分かれているからです。

ここであらためて、変動費と固定費について説明します。

変動費とは、売上高・生産高に比例して増減する費用です。

固定費とは、売上高・生産高がゼロでも発生する費用です。

財務会計上、製造原価の科目は、材料費・労務費・経費の3つに分けられています。

会社の損益計算書に載る科目です。

これら3つの費用を変動費と固定費に分けなくてはいけません。

方法はいくつかありますが、比較的簡便な勘定科目法が広く使われているようです。例えば、中小企業庁の中小企業BCP策定運用指針が参考になります（https://www.chusho.meti.go.jp/bcp/contents/level_c/bcpgl_05c_4_3.html）。


ここで注意していただきたいのが、変動費か固定費かは売り上げに連動するかどうかで決まるということです。

例えば、事務所の電気代は、夏場と冬場にはエアコンを使うので多くなり、春と秋は少なくなります。

月々で見ると変動しているので変動費かなと思ってしまいがちです。

しかし、年間では売り上げに関係なく決まった額発生するので固定費と考えます。

ここで、きっと気になる方がいらっしゃると思います。

電気料金は、基本料金＋電力量料金　です。基本料金は定額ですが、電力料金は使用量

（生産量）に比例します。

これを固定費として扱って良いのか。

さらに、燃料費調整額や再生可能エネルギー発電促進賦課金はどのように扱うか。電気料金総額は、電気使用量に概ね比例するので、準変動費とする。

こんな考え方もあります。

固定費の中にも、例えば保守費用で、ある一定水準までは定額だけれど、それを超えるともうひとランク上の金額で定額になる、というような準固定費と呼ばれるものもあります。

変動費と固定費の境は、誰もが納得できる線引きが非常に難しいです。

これが、直接原価計算が会計基準に採用されず、財務会計で使われない理由の1つです。

こういうものであるからこそ、逆に、固定費と変動費の分解（以下、固変分解）はあまり悩み過ぎないことです。

実務では仕入高や材料費、外注加工費等の金額の大きな費目のみを変動費とし、それ以外は固定費として取り扱う場合もあります。もしあなたの会社の管理会計で、変動費と固

図表2－8　材料費・労務費・経費と変動費・固定費の関係

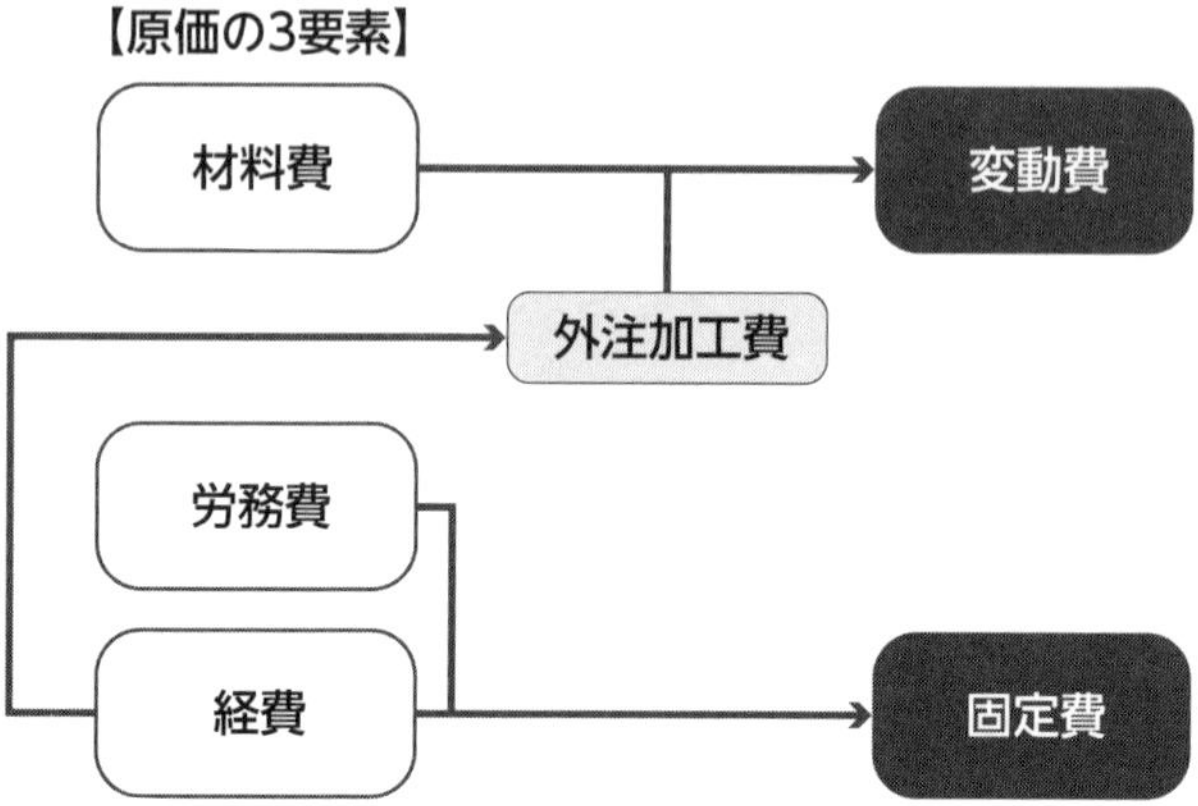

定費が区分けされていなかったら、図表2―8を参考にご自分で計算してみてください。原価の3要素である材料費、労務費と経費は示されていると思います。経費の中の外注加工費を調べてください。その外注加工費と材料費の合計を変動費としてください。それ以外は固定費です。

会社で定義が異なりますが、社内で使う管理会計ですから問題ないです。

図表2―8に関係をまとめました。

それでは次に、図表2―9に示します、2つの損益計算書を見て感ずることはありませんか。

どちらも、私が在籍した会社で、管理会計として社員が共有していた月次の部門別損益計算書です。

図表2−9　月次の損益計算書例:
全部原価方式（A社）と直接原価方式（B社）の比較

A社　（百万円）

売上高		2,000
製造原価	材料費	500
	労務費	500
	経費	580
	計	1,580
売上総利益		420
販管費		220
営業利益		200

B社　（百万円）

売上高		2,000
変動費	原材料費	350
	補助材料費	150
	外注加工費他	100
	計	600
限界利益	額	1,400
	率	70.0%
固定費	労務費	500
	消耗品費	100
	修繕費	150
	電力費	120
	その他経費	80
	減価償却費	50
	計	1,000
第一次貢献利益		400
販管費	計	220
第二次貢献利益		180
在庫固定費増減差		20
営業利益		200
損益分岐点売上高		1,743

A社は全部原価方式の損益計算書です。前月の実績を知るだけの資料です。

B社は直接原価方式の損益計算書です。

これは前月の実績ですが、今月の活動にすぐ展開できるのです。

しかも社員全員がこの資料を見ますので、ボトムアップの提案も普通です。

例えば、今月の売り上げが前月より1億円下がるとします。

限界利益率70%ですから、限界利益が7000万円減ります。

前月と同じ営業利益を確保するには、固定費を7000万円減らさなくてはいけません。

そこで、それぞれの担当が考えるのです。

今月購入予定であった消耗品の一部を来月購入にしよう。

今月実施予定であった定期メンテナンスは来月にずらそう。

残業時間を抑えて労務費を減らそう。

これらを合わせて、固定費を7000万円減らそう。

製造部長が指示を出さなくても、このプランがすぐに立てられて実行に移せるのです。

これを普段からしていますので、B社の社員は自部門のコスト構造を体で理解していて、利益を上げるために自分が何をしたら良いのかが分かっています。どちらの会社が高収益

図表2−10　損益分岐点分析

売上高 ＝ 変動費 ＋ 固定費 ＋ 利益

限界利益 ＝ 売上高 − 変動費

$$\text{限界利益率} = \frac{(1 - \text{変動費})}{\text{売上高}} = \frac{(\text{固定費} + \text{利益})}{\text{売上高}}$$

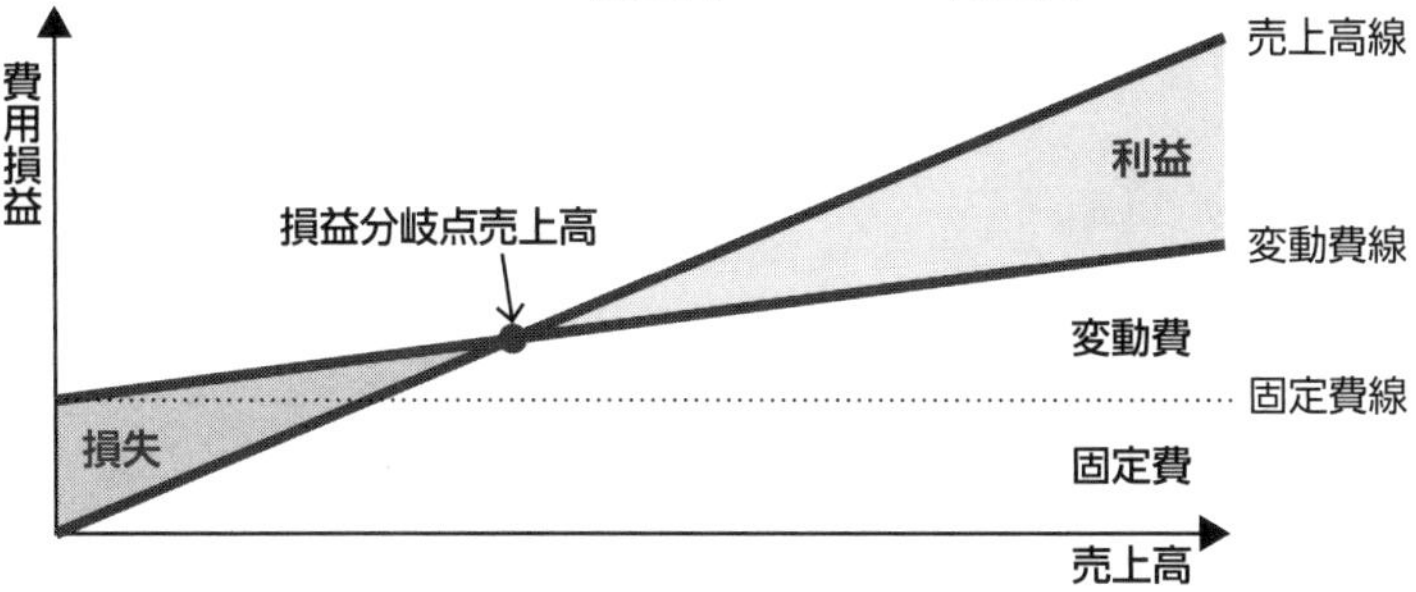

になるか、言うまでもありません。

こうして、固変分解されると、損益分岐点分析（Break-even Analysis）ができるようになります。

自部門の事業を考える時、特に短期の利益計画を考える時、売上高の変化に対して原価や利益がどのように変化するか。

あるいは、利益目標を達成するためにどれだけの売り上げが必要か、という見積りはとても重要です。この見積りには、損益分岐点分析が使われます。

損益分岐点分析は、原価・売上高・利益（Cost・Volume・Profit）関係を分析する手法であり、簡単な計算でコスト構造を直感的に捉えることができます。

それゆえに、経営分析に広く使われています。

読者の皆さんは、会社の研修や独学をされて、損益分岐点分析を既にご存知かもしれません。本書では、損益分岐点分析のイロハには触れません。図表2―10の関係だけ押さえておいてください。普段直面する課題に対して、どのように損益分岐点分析を使うのかを紹介します。

●限界利益が分かると、利益を増やす方法が見えてくる。値決めもできる

直接原価計算の英語は、direct costingです。直接原価計算の直接は、製品原価が生産量に直接的に比例して変動するという意味から生まれたと考えられています。

直接費・間接費の直接ではなくて、変動費を指しています。

もう1つ。

限界利益の語源についても触れておきます。最初に限界利益に出合った時、limitの限界を想像して、もうこれ以上利益がでない限界、最大利益と考えてしまいました。

しかし、限界利益の英語はmarginal profitです。

marginalの名詞marginは、商業における利ざや、マージンです。

利ざや、マージンは、売価と原価との差です。

まさに、限界利益＝売上高－製品原価（変動費）を表しています。

また、限界利益＝固定費＋利益で表されるように、限界利益は固定費の回収に貢献します。

これより、貢献利益と呼ぶこともあります。

さて、この簡単な式が黒字化の指針なのです。

限界利益＝固定費＋利益ですから、利益＝限界利益－固定費です。

限界利益が固定費を上回れば、利益が出るということです。

この単純な関係で事業を見ると黒字化への道筋が見えてきます。


京セラの創業者故稲盛和夫名誉会長の「値決めは経営だ」という名言は皆さんもご存知と思います。

私が在籍した京都の2社でも、創業者の哲学が値決めのルールに反映されていました。

そこから学んだ値決めの考え方について、その一端を紹介したいと思います。

売り手が価格支配できている場合は説明不要です。

他社が真似られない特殊な技術をもった商品、特別注文品や標準化できない商品であれば、全ての原価に売り手が希望する利益を乗せて価格を設定できます。

さらに、供給をはるかに超える需要の売り手市場でも同様でしょう。


ところが多くの製品には競合がいて市場で競争しています。

そして市場価格が存在します。

値決めに当っては、市場価格より安い価格になるはずです。

市場価格より大きく下げて、つまり利益を犠牲にして、シェアを取りに行くのか。市場価格より少しだけ下げて、シェアは取れなくても、利益を確保しに行くのか。

それとも自社で決めている最低販売価格と比べて、それを下回っているのであれば、参入しないという選択もあります。


これらの判断をする時に、限界利益の考え方が使えます。

原価の3要素（材料費、労務費、経費）と販管費の合計が総原価です。

これを固変分解して模式的に表すと図表2―11になります。ここで絶対に守らなくてはいけない値決めのルールがあります。

即ち、変動費以下の価格、変動費割れをしてはいけません。

限界利益が得られない価格の設定は、絶対に避けなければなりません。

図表2−11

値決めのルール（1）

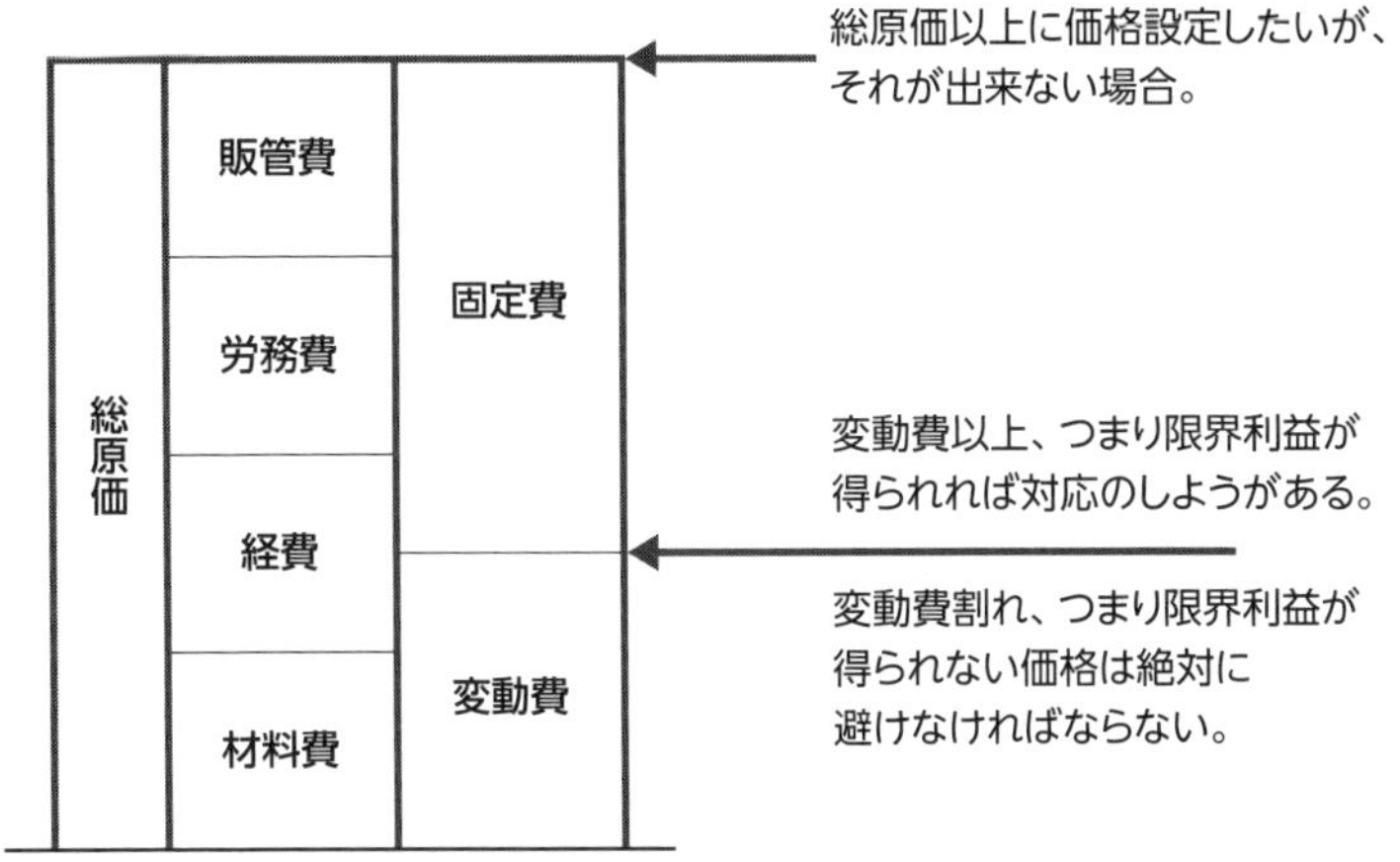

値決めのルール（2）

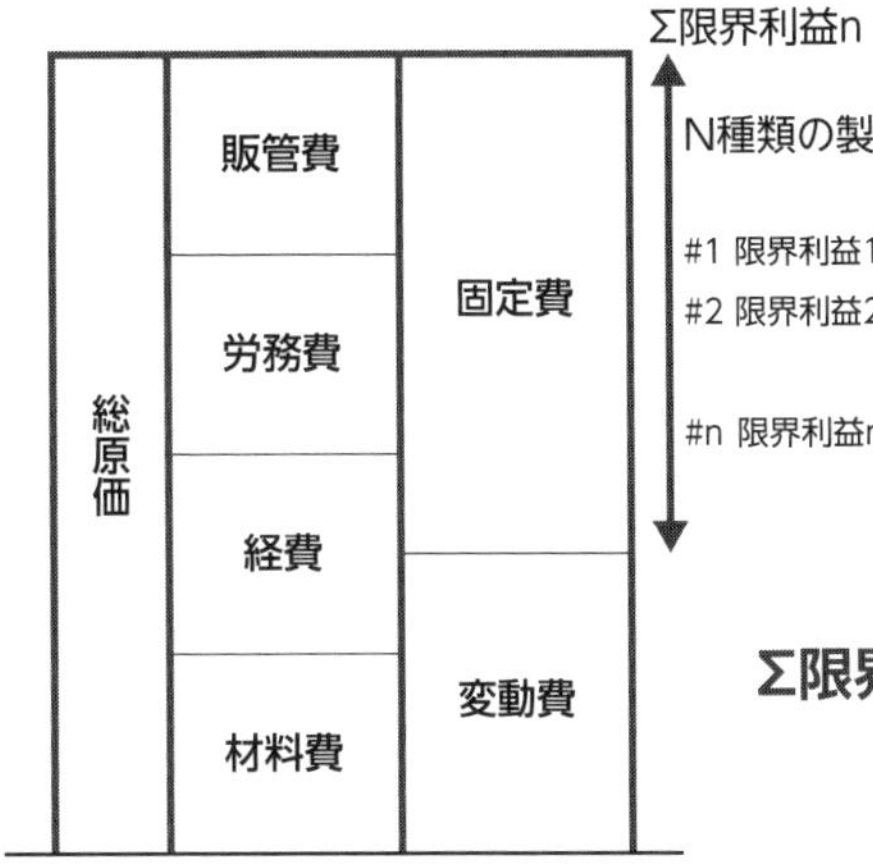

N種類の製品を生産しているとする。

#1 限界利益1 ＝ 売価1 × 販売数1 − 変動費1 ＞ 0
#2 限界利益2 ＝ 売価2 × 販売数2 − 変動費2 ＞ 0
⋮
#n 限界利益n ＝ 売価n × 販売数n − 変動費n ＞ 0

Σ限界利益n ＞ 固定費

となるように売価を決める。

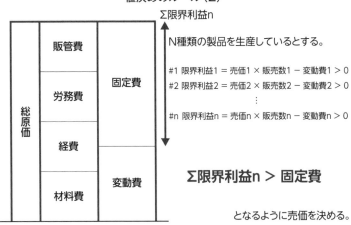

聞けば当たり前で、納得していただけると思いますが、変動費割れの製品を見たことがあるのであえて書きました。

あなたの会社に変動費割れ製品が無いと自信を持って言えますか。気になりましたら、是非確認してください。

あらためて書きますが、本当は総原価以上に価格設定したいのですが、それが叶わない場合の設定の仕方です。

変動費以上、つまり限界利益が得られれば対応のしようがあります。

N種類の製品を製造販売しているとします。N種類の製品それぞれに限界利益があります。ポイントは、それらの総和、総限界利益が固定費を越えるようにコントロールすることです。固定費を越えてギリギリ黒字です。もし目標利益があるのでしたら、総限界利益が「固定費＋目標利益」を越えるようにコントロールすることです。

これが値決めの肝です。

もう1つ、製造会社では内製か、外注かの判断にしばしば直面します。

この判断にも限界利益の考え方が使えます。

外注業者が提示した費用が、図表2―12の（1）のように社内の仕切り価格に比べて半

図表2−12　内製か外注かの判断

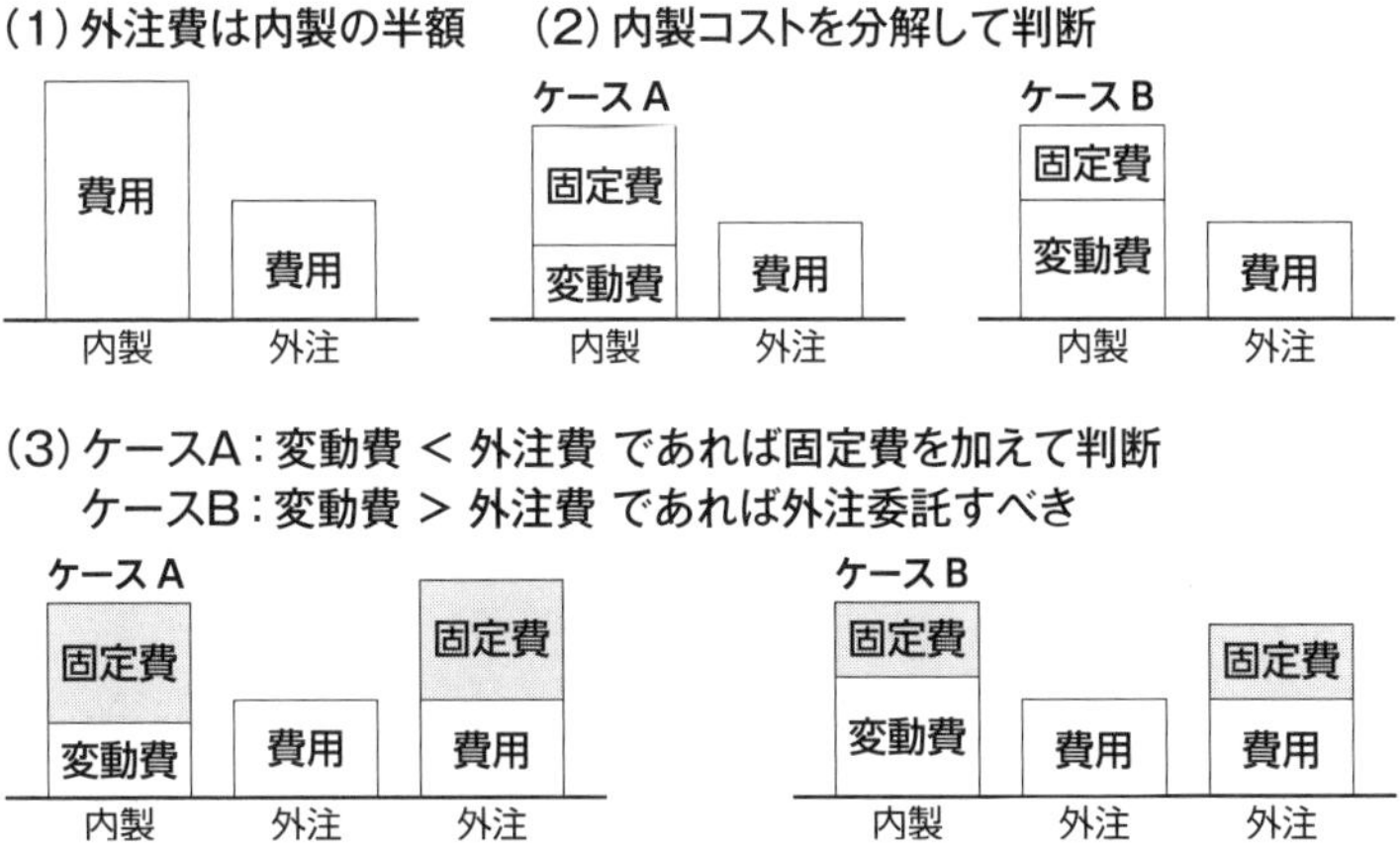

額であったら、あなたはどうしますか。外注への切り替えを即決しますか。

内製のコスト構造を確認してから判断してください。

図表2−12の（2）に、ケースA、Bの2パターンを示しました。

現在の内製コストは、材料代である変動費と設備の経費や減価償却費と労務費である固定費に分けられます。

この固定費は、内製を続けようが外注に出そうが変わりません。外注費用は変動費ですから、比べるのは内製の変動費です。

内製の変動費が外注費より高いのであれば、たとえ固定費が残っても、外注に変更した方が、（内製の変動費－外注費）だけ安くなります。

それがケースBです。ケースAでは内製を続けた方が安く作れます。外注は外に出ていくお金です。内製でも変動費分は外に出ていきます。外に出ていくお金を比較して、外に出ていくお金の少ない方を選ぶということです。それが変動費の比較でできます。

ただし、実務では、外注することで減る固定費を正確に見積もってください。例えば、外注して装置を使わなくなれば、装置維持に掛かる経費は不要になります。それらも加味して判断してください。

●費用と設備投資の違いを理解する（分かっていない人が実は多い）

年度の事業計画を拠り所に事業運営がされます。

予算通りに売り上げが推移すれば、計画通りに事業運営していけば良いです。ほとんどの年は、計画から下振れしたり上振れしたりして、その変化を読みつつ、事業運営をします。その変化を読み対応する時に管理会計が使われます。

下振れした時、経費削減の指令が出ます。

売り上げが減りますと、売り上げの減額分に限界利益率を掛けた限界利益が減ります。そこで予算利益を確保するために、限界利益の減少分に相当する固定費の削減をします。

具体的には、経費の削減と労務費の削減です。

代表的な例として、今期買わなくても良い消耗品を来期以降に買うように調整したり、今期予定していた定期保全を来期に延期できないか検討します。

労務費に関しては、残業抑制です。

経費削減の指示が出た時に、今期予定していた設備投資も、お金を使うから実行してはいけないと無条件に考えてしまう人がいました。

経費の削減は、今期予定していた限界利益の減少分の固定費を減らす作業です。

一方、設備投資は、導入すれば利益が増える固定資産を購入することです。

次元の異なる事象を、お金を使うという行為だけで結び付けていました。


設備投資とは、生産設備の新設、生産能力の拡大、老朽設備の更新、省エネ・省力化・ＩＴ化等のために行います。

目的を端的に言えば、利益を増やすためです。

利益が増えるのに、投資をしないという選択はありません。

たとえ経費削減の号令が掛かっていてもです。

ここを正しく理解してください。

ただ、それは分かっていても、いざ投資する時に躊躇することはありますよね。それは、増やす利益が見込みだからです。見込み故に慎重に進めなくてはいけません。それが想定されているので、社内には普通いくつかの関所が設けられています。

一つは、時期です。

中期経営計画で計上して、年度予算で再度計上して、いざ発注する段階で稟議申請する。多くの会社で、3段階位の関所を設けていると思います。

もう一つは、設備投資に見合った収益を見込めるかの判断基準が決められています。次の基準のいずれかが規定されているのではないでしょうか。

正味現在価値法（NPV法）：正味現在価値は、投資によって生み出される価値から投資額を引いたもので、プラスならばその投資をすべきと判断されます。

回収期間法：投資額を年々得られるキャッシュフローで割って、何年で回収できるか求めます。会社毎に3年とか5年とか投資判断する回収期間が決まっています。

投資利益率法：投資で増える営業利益を投資額と増加運転資金との和で割って、その比率を目標利益率等と比較します。会社毎に10％とか投資判断する比率が決まっています。

設備投資を検討したことがある方ならお気付きと思います。

いくら判断基準を設けられていても、投資後に増える利益は見込みの値です。楽観的に見込めば増加利益は大きくて投資OKとなりますし、悲観的に見込めば増加利益が小さくて投資NGになります。

時に、新しいビジネスを始めたい思いが強過ぎて、それに必要な設備の投資判断がOKとなるように、収益予測で利益を盛る人を見たことがあります。

その是非を議論しませんが、保守的な収益予測の方が長い目で見て上手く行っていると思います。

●コストリダクション（コスト縮小・削減）のつもりで作業を減らしても労務費は減らない

改善提案制度が残っている職場は多いと思います。ほとんどの方は、改善提案を書いたことがあると思います。

作業手順を簡略化して作業時間を短くした。

新しいやり方に変えて工数を減らした。

色々な提案が出て、その効果金額に応じて報奨金が支払われます。

少ない金額かもしれませんが、皆さんも戴いたことがあると思います。

さて、この効果金額はどのように算出されているでしょうか。

会社毎に違いますが、大抵は、1時間当たりのレートが決まっていて、短縮できた作業時間に乗じていると思います。例えば、1時間一人当たり3000円のレートが決まっていて、月に10時間の作業時間短縮をした改善は、月に3万円のコスト削減できたと計算されます。


このような効果金額の算出が広く行われてきたせいか、この例で言えば、月に3万円の労務費を削減できたと勘違いしている人が少なくないです。

作業短縮時間10時間が、丸々残業時間の削減に繋がれば、10時間残業分の労務費削減になります。これはP／Lに現れる効果金額です。

きっと、こういう言い分があるでしょう。

作業時間が10時間減れば、その時間で他の仕事ができると。

確かに定性的な効果はあるかもしれません。

でも、それはP／Lに現れません。

生産ラインは複数の工程が繋がって1つの生産ラインになっています。

全ての工程が同じ生産量であるのが理想ですが、装置の能力差等あって工程毎に一定にならないものです。

生産量が工程毎に凸凹になるのですが、最小生産量の工程をボトルネック工程といいます。

このボトルネック工程の生産量を上げないことには全体の生産量が上がりません。

それなのに、ボトルネック工程以外の生産性改善を優先してしまうことも見かけることです。その改善効果が出ても、仕掛品を作り過ぎてしまうか、待ち時間が長くなるかのどちらかで、それらはＰ／Ｌに現れません。

これらのことを理解して、Ｐ／Ｌに現れる改善活動と銘打って、業績に直結するコストリダクション活動を優先している会社がありました。

見習うべきアプローチです。

何を優先するか……、ここでも図表2―9の直接原価計算の損益計算書が有効です。

ポイントは、変動費、労務費、経費、付帯設備費です。

それぞれの費目で、支出の多い項目を上から順に叩く作業になります。

変動費削減の一番のポイントは、使用量の削減です。

生産技術的アプローチが必要ですが、10cc使っている薬品を8ccに減らせられないか。

7ccではどうかという検討です。

もう1つは、同等性能の安い材料への変更です。

購買部門の値下げの効果は直接的で大きいですが、サプライヤーの利益も保たなくてはいけません。


労務費の削減でやれることは、残業時間の抑制です。

雇用の確保が最優先ですので、今の人員で最大のアウトプットを出す方法を考える思考に変えるべきです。それと新規採用は慎重にすることです。

経費の削減は、「必要な時に必要な製品を必要なだけ作る」という考えを徹底して、無駄作りを回避します。消耗品は最低必要数を明確にして、それ以上購入しないことです。

付帯設備費の削減は、半導体工場の経験が長いので挙げる項目です。

半導体工場はエネルギーを非常に多く使いますので、この改善効果が大きいのです。


中堅社員以上の方が読者であると想定して、P／LやB／Sの読み方や損益分岐分析のやり方等、基本的なことはスキップしました。

会社で経理研修があったでしょうから、当時のテキストを見直してもらえたら良いと思います。

むしろ、経理の専門家でない者が、会社の数字にどのように向き合ってどのように解釈するかにフォーカスしました。

本章で書いた内容やそれに近い事象は皆さんの会社にもあると思います。

この種の事象を経理部門任せにするのではなくて、現場の社員が自ら考えるようになれば、それは強い会社です。

もし皆さんが適切な意見を言えば間違いなく一目置かれます。こういう視点を理解した上で、経理・会計本を時々復習すると会計スキルが定着すると思います。

Ⅲ 人と差別化できる！自分だけのスキルの磨き方

あなたは自分のスキルを自信を持って主張できますか

本書では、専門スキルや専門技術を持った上で、それと同等以上に仕事の仕方とか人との接し方が大事だと主張しています。

ビジネスパーソンであれば、専門スキルがない人はいません。

エンジニアであれば、専門技術の無い人はいません。

入社して最初に配属された職場で、あるいは担当した仕事で身に付けた専門スキルや専門技術が少なくとも一つはあるはずです。

私はエンジニア（技術者）で社会人をスタートしました。

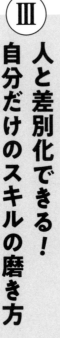

エンジニアといいますと、今ではＩＴエンジニアがまずイメージされるそうです。私が経験してきた製造業（メーカー）の技術者は、「ものづくりエンジニア」と言うのが正確に伝わるようです。

ものづくりエンジニアの対象は、自動車、電気機器、精密機器、半導体、プラント、産業機械、輸送機械等です。

これらのメーカーで研究開発や設計、生産技術、品質管理、品質保証、保全・メンテナンス等を担当します。本項は私の経験をもとにしますので、ものづくりエンジニアの事例が多くなります。

さて、最初に配属された職場の仕事をずっと続けている方もいらっしゃるでしょうが、多くの方は職場の中で別の仕事を担当したり、対象の製品が変わったりして、新たに別の専門技術を身に付けられていると思います。

幅広い専門技術を身に付けている方もいますし、そうでない方もいます。

他社からも認められる高い専門技術もありますし、社内の専門技術もあります。

このように、専門技術は対象が広いですし、習得度合いの差も大きいです。

それを承知で、できるだけ多くの専門技術を持っていただきたいと思います。

専門技術を身に付ける方法も既に経験されていると思います。

言葉で表せば、「学んで、経験する」ことです。

この汎用的な手順を身に付けていただければ、専門技術習得のハードルが低くなります。

あなたが身に付けている専門技術を頭に浮かべて本項を読んでください。

●今の会社でしか通用しないスキルか、どこの会社でも通用するスキルか

日本の半導体工場では、稼働30年超の古い装置が今も稼働しています。

稼働30年超となりますと、装置本体が生産終了となり保守期間も過ぎていることが少なくありません。そんな装置を使い続けるには、独自の保守体制を築かなくてはなりません。そのためには、設備保全員が、装置を維持管理する独自のメンテナンススキルを磨き上げることになります。

この保全技術の例では、対象の装置をメンテナンスする技術は、この装置でしか通用しない専門技術、つまり今の会社でしか通用しない専門技術です。

一方、このメンテナンスする技術を確立する過程があったはずです。どの部品が故障しやすいか。どこが摩耗しやすいか。装置の弱点を特定します。故障しやすい部品は代替品を見つけて持っておく。摩耗しやすい箇所は、メンテナンス頻度を最適化して、装置が止

まらないようにする。このような取り組みは、どの装置にも適用できる専門技術です。対象の装置やテーマはその会社特有のものであっても、その課題へのアプローチはどこの会社でも通用する専門技術です。

保全技術を例にしましたが、開発でも、設計でも、現場改善であっても、同じことがいえます。今向き合っている対象は、その会社特有の事象であっても、アプローチの仕方はどこでも使える汎用的な技術・スキルです。ほとんどの人が、この両方持っています。

大切なのは、自分が今使っている技術・スキルが、どちらなのかを認識しておくことです。

少々変わった視点ですが、ある会社の独自の社風の中で上手くやっていくスキルとか、その会社の社長や役員に可愛がられるスキル、これらは特定の会社でしか通用しないスキルといえます。

もし、あなたが今の会社で定年まで勤めるぞと決めているのなら、今の会社でしか通用しないスキルを重視しても良いと思います。

あなたの会社の社風、しきたり、人脈、オペレーションに精通して、社内で唯一無二の存在になる。これもあなたの戦略です。ただ、主なリスクは、想定外の事態が起きた時に外で通用しない可能性があることです。

突然会社を辞めざるを得なくなった時とか、会社が倒産した時に、新たな職場で通用しない可能性が高いです。

●専門知識や専門技術を過信し、そこに安住してはいけない

開発部門の技術者が、新技術を駆使して新商品を開発する。これは通常業務ですが、その新商品がヒットして会社の売り上げに貢献した。市場のニーズにピッタリはまり、担当者の専門技術が最高に発揮されたことが重なった結果です。

専門技術は、このような華々しい結果を伴って、特殊なスキルが要るように思われやすいですが、決してそのようなことはありません。

専門知識や専門技術を合わせて専門スキルとしますが、専門スキルとは、経理の担当者だったら、「一人で年次決算まで対応できる」ことであり、製造部門だったら、生産技術であり品質管理であり設備技術であって、特定の誰かしかできない特殊なスキルではありません。

「特定の誰かしかできない」と感ずるのは、業務の属人化が起きているからです。

私が在籍したある会社では、社内の異動がほとんどありませんでした。

A課長は新人で入社以来30年、ずっと同じ業務を担当していました。

A課のことはA課長が社内で一番詳しい。

上司の部長も遠慮して、A課長を立てている。

A課長は、「この仕事は自分がいないと回らない」と自覚していたと思います。

これが業務の属人化です。

本人にしてみれば、裁量の範囲が広いし、何より自分だけが対応できるというやりがいや喜びがあると思います。これを、自分の専門スキルに安住していると私は表現します。

たとえ自らが開発したり改善したりした手法であっても、それを他の人も実践できるようにすべきです。

ほとんどの職場は、美術品や工芸品を作る職人の世界ではありません。

ビジネスの現場では、属人化は避けるべきことです。その人が何かの理由で出社できなくなった時、途端に業務が止まってしまいます。

この業務の属人化は身近で多く見られます。

まずは、あなたの周りを見回してください。

一人の担当者に任せている内に、他の誰もがその業務を遂行できなくなっている業務です。

思いあたりますよね。

私も経験がありますし、このような業務が意外と多いのに驚きます。

任されている人によっては、「私しかできないのは危険だ」と認識されている方がいる一方、「この業務は自分しかできない」と気分良くそこに安住している方もいらっしゃいました。

あなたが部門長であるなら、属人化の解消を始めてください。2人目の担当者の養成です。

まずは、属人化している業務の把握です。

どんな業務があって、どんなやり方をしているかヒアリングしてください。属人化しているということは、その人のこだわりの部分があって、それが作業を複雑にしていることがあります。少し議論してみますと、こだわりの箇所を簡単な作業に置き換えられることが意外と多くあります。ヒアリングの副次効果です。

次は、2人目の担当者への作業移管です。

工場のオペレーターは、多能工化といって、複数の工程の作業ができるように訓練されます。多能工化が進みますと、あるオペレーターが休暇を取った時に交代要員になれます。また、生産量の変動に対して、オペレーターの配置を変えることができます。生産計画の自由度を上げる手段として広く採られている手法です。同じ考え方を、総合職の社員にも展開して多能工化を進めます。

このように、会社は、業務の属人化を避けたいと考えます。つまり、今はあなたしかできない業務であっても、いつかは他の誰かもできるようにします。「いつか」がいつなのかは、会社の規模や部署の規模によって一概に言えませんが、この事実を認識しておくべきです。

今、あなたしかできない業務をあなたが担当しているなら、「私しかできないのは危険だ」と、上司に相談してください。

●新しいスキルは秒で取り入れ、必要なスキルは仕事を任せてもらってすぐに習得する

専門スキルの習得には、時間も労力も掛かると思われているかもしれません。

ですが未知の世界に踏み込むわけではありません。

先人が活動していた領域に入るわけですから、やり方も分かっています。習得する時のコツやポイントも教えてもらえるでしょう。

このように専門スキルの習得は意外と容易なのです。

向き・不向きや得意・不得意はあるでしょうから、人によって習得の時間に違いが生ずるのは避けられません。

まずは、自分の中に壁を作らないことです。


専門スキルを習得する機会はどのように巡ってくるでしょう。

一つは、上司があなたに新しい専門スキルの習得を命じることがあります。これには、担当職務が変わることも含まれます。

これらの場面では、習得のためのカリキュラムが準備されますから、あなたはカリキュラムに沿って学び、訓練するのみです。その後も実務を通じて専門スキルをブラシュアップできます。

もう一つは、あなたが専門スキルを習得したいと思い立つ場合です。

皆さんも経験があると思いますが、自分でできることから始めますよね。

その専門スキルを持っている方から直接教えてもらう。

関連する社内レポートや書籍を読み込む。

これらで、専門知識をインプットすることはできますが、実務で使えるレベルには届かないでしょう。実務で使えることが、習得したということだと思います。

実務で使うには、あなたが身に付けたい専門スキルを上司に伝えることから始めましょう。

上司は部下の成長を考えていますから、専門スキルを増やしたいというあなたの思いを支援してくれるはずです。

その専門スキルを習得できる部署に、実習に行かせてくれるかもしれません。

その専門スキルに関わる業務の担当にしてくれるかもしれません。

例えば、前項で会計スキルを説明しました。あなたが、会計スキルを身に付けたいと上司に伝えておくと、次の自部署の予算作成からあなたをメンバーに加えてくれるかもしれません。実務に触れる機会を与えてもらえると思います。

他にも自らできることがあります。

習得したい専門スキルにもよりますが、社内で問題が沸騰しているところに首を突っ込んでいくのです。このやり方で専門領域を広げた人を複数知っています。

会社では日々様々な問題が発生します。

それぞれの問題の解決は、原則、担当者あるいは担当部署が担います。ところが、担当部署だけで対応できない問題が結構な頻度で発生します。

例えば、
●開発が遅れて試作品を納期通りに納められない
●工場で不良が多発して製品を納期通りに納められない
●市場で品質問題が起きて製品を納入できない
のようなお客様にご迷惑を掛けてしまう場面です。私が所属した製造業では、納期や品質に関わるこのような問題が頻繁に起きました。その都度、営業、開発、生産管理、製造、品質保証等の関係する部署の人が集められてプロジェクト的に対策をしました。

お客様と約束した期限に向けて一気に進められます。

この種の短期に終わるプロジェクトに入ってみましょう。

プロジェクトでは、他部署のメンバーの考え方や課題への取り組み方、そしてそこで発揮される専門スキルを見て学ぶことができます。

できれば、プロジェクトリーダーのつもりで参加してください。あなたは開発の人だとしましょう。開発部門の枠に籠る必要は全くありません。例えばお客様対応の営業の課題であっても、意見やアイデアをどんどん出します。意見を出すというのは考えているということです。営業の人も、営業の立場で考えてくれる人は歓迎します。

こういう行動を繰り返していると、プロジェクトができる度にあなたの参加が期待されるようになります。知識もだんだん増えて、他の部門のメンバーと対等に議論できる様になります。こうなれば、その部門の専門知識を習得したようなものです。

製造業の事例を示しましたが、この種の活動は皆さんの会社にも多くあると思います。皆さんも首を突っ込んで、専門領域を広げる場にしてください。

専門スキルを習得するというのは、先人がしていることを真似て取り入れることです。会社での実務を通して、専門スキルを習得し増やすことができます。

序章で紹介した工場閉鎖宣言。私はロームに転籍して半導体の開発の仕事を継続しました。それ以外に選択できた道が3つありました。

1つは、ヤマハに残って半導体関連の仕事に就く。

2つめは、ヤマハの半導体以外の事業部に異動する。

3つめは、他社に転職する。

ここで、2つめと3つめの道を選んで成功した元同僚を二人紹介します。

2人とも半導体のプロセス開発エンジニアでした。専門分野を大きく変えた事例です。


Nさんは、ヤマハのバイオリンの開発責任者になりました。

彼は入社以来、いつかはバイオリンの仕事をしたいと思っていました。ところが、会社が準備した異動先にバイオリンに関わる部署はありませんでした。進路に悩んだNさんは、永平寺に籠って自分を見つめ直しました。その答えが、バイオリンの技術者への進路変更。実は、Nさんは、仕事の傍ら浜松交響楽団のコンサートマスターとして活躍していました。早速、担当の部門長に自らを売り込みに行って、配属の了解を取り付けました。

しかし、バイオリン奏者であっても、バイオリンを作ったことはありません。知り合いのバイオリン工房に教えを請い、また振動に関する知識を独学して弦楽器の基本を学んだそうです。

これらは配属前の準備。配属後も、まずは先輩に追いつくことに集中して半年位でキャッチアップできたそうです。それからは、高級バイオリンや汎用バイオリンの開発を手掛けられ、また最高級ピアノ、トランペットの開発にも携わりました。

Kさんは、誰でも知っている電子部品大手企業で、環境部門のトップになりました。転職して最初に配属になったのが製造部門。その職場では、半導体での経験があまり生かせ無かったのか、放置気味だったそうです。そこで、担当役員に直談判して開発部門に異動させてもらいました。半導体と電子部品では技術の細部は異なりますが、開発や量産移管のアプローチは似ていました。

課長になって部下が10人。日々直面するデータを解釈し、考察する作業を通して専門知識は身に付いたそうです。その後、担当する電子部品の構造を大きく変えて、桁違いの性能向上に挑戦しました。

3年がかりで目標特性に到達し、量産を始めることができました。これは大きな成果です。

丁度その頃、ある社内公募が目に留まりました。

環境部門でのスタッフ募集。環境に関する技術の仕事をしたいという思いが元々あったので、心揺さぶられました。開発で大きな成果を出したところでしたので、事業部長の許可を取って応募しました。環境部門への異動後は省エネの提案を多く出して実践していきました。省エネの基本はエネルギー保存の法則だという信念の下、専門知識を都度インプットしました。

資源エネルギー庁長官賞も受賞したそうです。ＣＳＲやＥＳＧ経営の重要性が認知された時期と重なり、Ｋさんのライフワークになりました。

二人とも、専門領域を変えて、そこで立派な成果を上げています。

新たに踏み込んだ新しい専門領域は、それぞれが自分のやりたい領域でした。その人がやりたい領域は、大抵の場合、その人の得意な領域です。この二人もそうでした。得意な領域の基礎知識は備わっていますので、専門知識を吸収する素地は出来上がっています。

ですから、短時間に専門知識を吸収でき、実務で使えたのだと思います。

専門スキルは、学んで、経験して身に付けられるものです。

第3章

日々の習慣を見直して生産性を上げる7つのルール

限られた時間で最大の成果を上げることが、まさに生産性の高い働き方であり、それを実現するスキルや仕事の取り組み方・進め方を2章で紹介しました。それを真似て実行していただければ、生産性は間違いなく上がります。

本章では、各社で出会ったできる人たちや生産性の高い人たちが、どのように仕事に取り組んでいたか、その習慣を整理してみます。

また、先輩や上司、恩師から教わった生産性を高める考え方も整理しました。

読者の皆さんにも是非取り入れていただきたいと思います。

ルール1 学んだことを仕事で繰り返し使ってみる

大学生の時に、ある先輩の研究成果発表を聞いて「凄い！」と思わず口にしたことがありました。

実験結果の考察が見事だったのです。隣に居た助教授の先生が、すかさず「感動したことは、実践して自分のものにするんだよ」とつぶやかれたのです。難しいことだなぁ、と思いながらも肚落ちした言葉でした。

このように話を聞いて感動したことや自ら学んで知識にしたことは、自分の中に留めているだけでは成果になりません。まずは、試しに使ってみることです。

自分の仕事で試すことができますので、思い立ったらいつでも始められます。たとえ上手く行かなくても、やり直したら良いだけです。躊躇なく試すことです。

ところで、皆さんは既にたくさんのビジネススキルを身に付けていると思います。それらのスキルをどのようにして身に付けられましたか。社会人になる前から素養があって、「社会人になってすぐに身に付け、日々ブラシュアップしている」そういうスキルもあるでしょう。

一方で、「身に付けたくてもなかなか自分の満足できるレベルに到達しない」というスキルもあるでしょう。そのような身に付きにくいスキルをどのように身に付けようとされていますか。

恐らく、そのスキルを持っている先輩、同僚や後輩が身近に居れば、彼ら彼女らの考え方や振る舞いを真似してみますよね。

あるいは、関連する本を読んでみたり、インターネットで情報を集めて、そこに書かれていることを試してみたりしますよね。

それで良いと思います。

まずは、普段のあなたの行動と目指すスキルとのギャップ（差異）があるかを観察してみてください。

もし差異を感ずるならば、その差異を埋めてみましょう。

ところが、この差異に気付かないことが多いものです。

それは、「今のままで良い」と思っている場合に多いように思います。

そういう場合は、周りの同僚を観察したらいかがでしょう。「真似てみたいな。取り入れてみたいな」そのような新しい発見があると思います。

もし何も見つからないようでしたら、上司に素直に尋ねてみるのが良いです。

「私に物足りないと感じていることを教えてください」と。間違いなく適切な指摘があります。そこで、あなたが目指すことを明らかにして、つまり差異を明確にして、その差異を埋めてみましょう。

あなたが上司の立場で、部下に物足りなさを感ずるのでしたら、その物足りなさが何で、どのようになって欲しいのかを伝えてください。

資料作成等作業の生産性を上げる内容でしたら、「半日要している作業を2時間で終わるようにして欲しい。それを実現するには、どうしたら良いのか」を一緒に考えるのです。

色々な案が出るでしょう。他の人がどんなやり方をしているのか、初めて注意が向くかもしれません。やれることから試して、効果を確認してください。

きっと改善があります。

一度上手く改善したことを経験すると、他人のやり方に目が向いて、良いと思うことを採り入れるようになります。

そのきっかけを作ることが大事です。

きっかけとは、今のままで良いと思っている人に、改善して欲しいゴールを示すことです。

このように、もしあなたが部下を持つ立場でしたら、部下を巻き込んで試してみてください。

そして、1日、2日、3日と続けてください。

1週間も経てば、変化を実感できます。

自分が行動するにせよ、部下と行動するにせよ、どうしてもギャップが埋まっている実感がなければ、行動と目指すスキルとの差異が消えていないのです。

もう一度その差異を認識して、目指すスキルに行動を寄せていきましょう。変化を実感できるまで、この作業を愚直に継続することです。

なかなか身に付かない苦手なスキルは、しぶとく継続するのが結局早道です。

スキルというものは、それを知識として頭に納めても、それは知っているというだけで効果は生じません。

それができるようになって初めて成果が出ますし、その人が身に付けているスキルといえます。

ルール2
知らないことに出くわしたら、ごまかしたり分かったふりをせずに調べて理解する

「聞くは一時《いっとき》の恥、聞かぬは一生の恥」

今ではパソコンやスマホで検索すれば情報媒体が豊富ですぐに調べられます。

ですから、この言葉を使う機会は減ったかもしれません。

ところが、会話の中で知らない言葉が出てきた時にいつも検索するというのも難しいですよね。

知らないことはその場で積極的に尋ねるのが良いです。

知ったかぶりや、よく知らないのに知っている素振りをすることは、互いにデメリットだけです。

仕事の意図が噛み合わなかったり、指示の内容を誤って理解したりして、トラブルや遅延に繋がる危険性が高いです。

また、本人は分からないまま仕事を進めて、分からない状態がずっと続いてしまいます。

ある会社で、新入社員を職場に迎えた時に次の訓示をした上長が居ました。

「新入社員には1年間の特権があります。それは、分からないことは何でも聞いて良い権利です」と。

その時は、「同じことを何度でも聞いていいよ」という意味合いが含まれていて納得しましたが、この文言であれば、新入社員に限らず社員全員に当てはめて良いのではないでしょうか。しかも「1年間の特権」も外してです。

「私は知らないことはいつも尋ねるようにしています」と言いたいですが、やはり聞けない場面もあります。

大勢で議論している時に、議論を中断してまでして尋ねることは憚《はばか》られます。

聞くタイミングを逸することもあります。もし聞きそびれたら、あとから確認するようにしています。

「先ほど仰っていた○○が理解できませんでした。教えていただけますか」

「先ほど仰っていた○○は、△△だと理解しました。それで正しいでしょうか」

こんな具合です。ほとんどいつも丁寧に教えていただけます。

私は、「知らないことが当たり前」と思って物事に接するのが良いと思います。知らないことを認めて教えを請えば、周りの人が助けてくれるようになります。逆にそのようにアプローチされれば、協力を惜しむことはありません。この感覚を持つと、「分からないことを素直に他人に尋ねる」ことを躊躇しなくなります。

分からないことは気軽に聞ける雰囲気を職場に作ることは有用だと思います。例えば職場で、「この位のことは知っていて欲しい」ということがあれば、上司が部下に意識的に問いかけるのも手です。

職場で業界紙や業界に関連する雑誌を定期購読していると思います。そこに出て来る関連記事を話題にするのです。

「今月の○○誌にカーボンニュートラルの特集があったけど読んだ？　我々の職場（会社）で、どのように取り組んだら良いと思う？」

等のような軽い問いかけです。

朝礼で話すとちょっとかしこまってしまいますので、休憩時間とか、部下との会話の最後に振ってみるのが良いと思います。

そして数日後にもう一度振ってみるのです。こういうことを繰り返していると、部下は雑誌を手に取るようになります。

それをきっかけにカーボンニュートラルの全体像を学ぶかもしれません。

上司のあなたの問いの答えを見つけて、あなたに答えを持ってくるでしょう。

知らないことを気付かせ、調べて考える機会を与えられるのです。

そのような経験から、部下は上司や先輩に気軽に疑問を聞けるようになります。部下の質問に全て答えることも難しいでしょう。

分からなければ、上司や先輩も部下や後輩から学ぶ。そうすることで、皆が成長する良い土壌が出来上がります。

ただし、「わからないことを素直に他人に尋ねる」ことは大事ですが、同じことを何度も尋ねるのは考え物です。

教えていただいたことは理解しなくてはいけません。

理解したとは、他人に説明できることです。

全てを詳細に理解して、専門家になるということではありません。あなたの業務で必要な内容を理解すれば良いです。

「カーボンニュートラルとは何？」と聞かれて、

「2050年までに温室効果ガスの排出を全体としてゼロにすること」これで足りることもあるでしょう。

しかし「尋ねられた」ということは他に上司が知りたいことがあるはずです。

物事を理解するには、
●なぜカーボンニュートラルを目指すのか
その事象の目的を理解できていることが重要です。

そして、具体的な事象を3点語れると、理解が深まります。

例えば、
●温室効果ガスとは何か
●排出を全体としてゼロにするとはどういうことか
●期待されている技術は何か
これらを話せる状態です。

では先ほどの問いに答えてみましょう。

●なぜカーボンニュートラルを目指すのか

気候変動の深刻化を防ぎ、気候危機を回避するためです。

2050年前後の時点における温度上昇を1・5℃以下に抑えることが目標です。

●温室効果ガスとは何か

太陽光が地球の表面を暖め、地表から放出される赤外線を温室効果ガスが吸収し大気を暖めています。主な温室効果ガスは、代表格の二酸化炭素の他に、メタン、一酸化二窒素、フロンガスがあります。

●排出を全体としてゼロにするとはどういうことか

温室効果ガスの排出量から、森林等による吸収量を差し引いて、合計を実質的にゼロにすることです。

人為起源の温室効果ガスについて、排出量と吸収量が同程度になるよう調整することで、大気中の温室ガス濃度を一定に保ちます。

●期待されている技術は何か

温室効果ガスの排出量を削減する技術と、放出された温室効果ガスを回収する技術です。前者は、電力部門における、再生可能エネルギーや原子力の活用と、水素・アンモニアを使った発電。非電力部門にける、水素やメタネーションの活用です。後者は、放出された二酸化炭素を回収して、地下や海中に貯留する技術です。

これは、著者の答えです。求めることは人ぞれぞれ違いますから、人によって答えは異なります。

カーボンニュートラルという単語に触れた時に、頭の中でカーボンニュートラルを説明してみると、その時のあなたの理解の程度を確認できます。

それから、部下との会話で、部下の理解が浅いと感じたら、「カーボンニュートラルを説明して」と、部下に語らせてみると部下の理解が進みます。

他人に説明できるか。これを目安に理解度を確認することは有効です。

ルール3

自分の実績を形にして、外から見えるようにする

業務の進捗報告が、紙の報告書から口頭報告に変わりました。パソコンが一人に一台行き渡って、パワーポイント（パワポ）が広く使われるようになった頃からだと思います。

紙の報告書が主流の時代、私は開発部門に所属していました。そこでは、技術報告書というレポートを書いていました。開発の節目に、マイルストーンと言ったりもしますが、そこまでの結果を整理して、次にすることを明確にするためのものです。

集めたデータから何が言えて何が言えないのか、文字にするので自然と深く考えることになります。

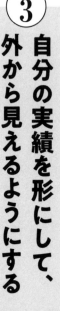

この考察の過程で、仮説を証明するにはデータが足りないとか、集めた実験データで何をどこまで言えるのか、それらをもとに仮説を修正して、次にすることを明らかにする。そんな作業でした。

作成したレポートは、直属の上司のチェックを受けて部門長に提出されました。それから、関係者に回覧されました。

今では、パワポを使った口頭報告が主流です。パワポを使った資料作成やプレゼンの指南書が多く出版されていて、それらの効果でしょうか、上手に発表する人が増えています。

それでも、パワポ報告の欠点を感ずることがあります。

それは、あとから見返した時に、その結論に至った過程をたどり難いことです。パワポ資料はデータ集になりがちで、データの間を埋める考察が文字で十分に残っていないからです。

特に時間が経過したパワポ資料、半年前、一年前のパワポ資料を見直した時に、この数字は、どのように計算されたのだろうか、この結論は、どの結果から導かれたのだろうか、と読み取れないことがあります。

残念なことですが、私が作成したパワポ資料でも経験があります。


そこでおすすめの方法があります。

パワポ資料を作る時も、技術報告書と同じように考察をします。

集めたデータをどのように解釈して結論を導いたか。

この考察の過程をパワポのシートに書き出します。シート1枚に整然と書けないのでしたら、結論を書いたシートの次にあるシートに書いたら良いです。

口頭報告で話すことを書くだけですから、負担にはなりません。

たったこれだけのことです。後で見返した時に役立ちますので、取り入れてみてください。


もう一つ。取り入れていただきたいことがあります。

口頭報告のあとにはQ＆Aがあって、多くの意見をいただきます。

発表内容と違う考察がされることもあります。そういう議論があったにも関わらず、発表後に、発表に使ったパワポがそのままメールで配信されることがあります。

図表3−1　会議用のパワポ資料

太枠内が会議前に配布した分。会議で議論になった箇所は修正して、議事録を最後のシートに付けるのがおすすめ。

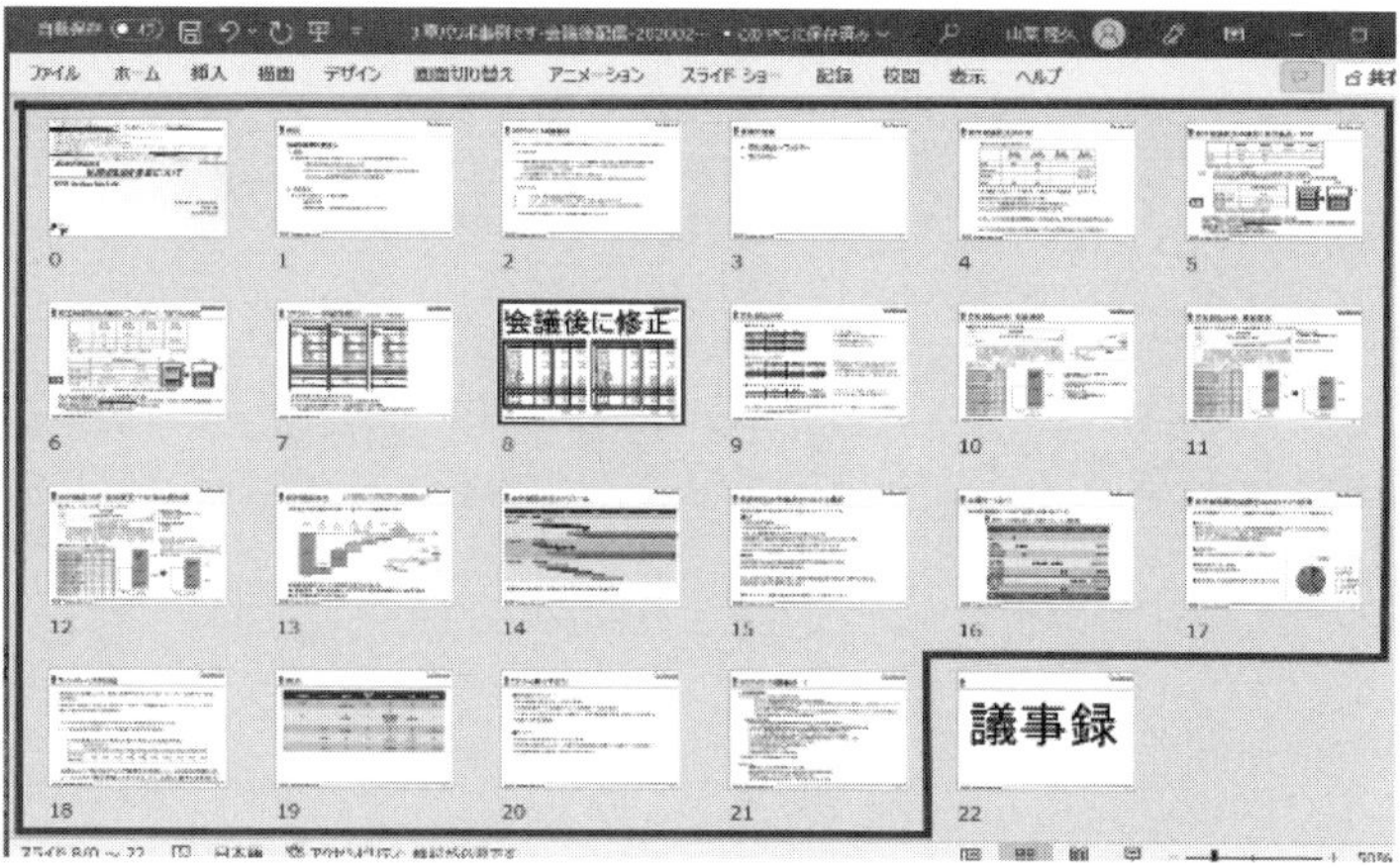

図表3−2　会議で議論になった箇所（シート）の修正例

【会議前配付資料】

ABC事業製品のX社への加工委託の検討
【結果】
X社に加工を委託すれば、粗利が年間2.5億円増える。

	増減額	
変動費増減	+4.5億円	(600円−150円)×100万個
固定費増減	−7.0億円	生産ラインを閉鎖するので
製造原価増減	−2.5億円	

【試算前提条件】
内製　材料費　1個当たり　150円
　　　固定費（製造労務費、経費、原価昇格費他）　年間7億円
X社　加工委託費　1個当たり　600円
年間生産量　　100万個

【会議後配付資料】

ABC事業製品のX社への加工委託の検討
【結果】
X社に加工を委託すれば、粗利が年間2.5億円増える。

	増減額	
変動費増減	+4.5億円	(600円−150円)×100万個
固定費増減	~~−7.0億円~~	~~生産ラインを閉鎖するので~~
製造原価増減	−2.5億円	

【試算前提条件】
内製　材料費　1個当たり　150円
　　　固定費（製造労務費、経費、原価昇格費他）　年間7億円
X社　加工委託費　1個当たり　600円
年間生産量　　100万個

固定費削減額を見直す。
- 内製を止めても労務費はゼロにならない。
- 生産設備を廃棄するには費用がかかる。
- 生産設備の簿価も考慮すること。

先ほどの議論は一体何だったのか。せっかく貴重な意見をいただいたのですから、議論の要点を記した議事録を、パワポの最後のシートに付け足すと良いです。

できれば、その議論をもとに発表に使ったパワポを修正して配信するのがベターです。口頭報告前に発表のパワポが配信されることもありますが、議論の結果を展開して、報告後に修正したパワポを再配信されることをおすすめします。

事実をもとにどのように考えたか。

この結論を導いた過程は何か。考えたことを記録しておけば、読み返した時に全体が甦ります。パワポの隅に書き残しておけば、埋もれることはありません。

ルール4
目標とする人を真似て、少しでも近づいてみる

著名な経営者の言葉であったり、ビジネス本に書かれていることであったり、観察する人の思いで「真似ること」はいくらでも見つかります。

私は、日本電産の三大精神の一つである「すぐやる、必ずやる、できるまでやる」という言葉が好きで、私の行動指針の一つにしていました。

創業者である永守重信会長の著書でこの言葉を知りました。

名言ですから、ご存知の方も多いと思います。

ノートの裏表紙に力強く自書されている方もいらっしゃいました。

ロームには、この類の言葉はありませんでした。

しかしながら、社員の行動のベースが、「すぐやってみる、全部やってみる、納期を守

る、巧遅より拙速、やってみてから考えよう」等々、ほぼ同じ思想でした。

会社にはそれぞれの社是や経営理念があります。

社員は、それらの下に思いを合わせなくてはなりません。

その中で、自らの信念、思いや行動指針を明らかにしておくと良いと思います。

著名な経営者には、多くの名言がありますから、それらに触れてみることをおすすめします。できれば、名言の背景も理解されると尚良いと思います。

さて、ビジネス書からは生産性を上げる様々な方法を学ぶことができます。そこに書かれていることを試してみて、効果の出る自分なりの方法を見つけるのは有益だと思います。以下、私の事例を紹介します。

●睡眠時の脳の活用（潜在意識の効用）

高校生の時のことです。数学の問題が解けないまま就寝したら、睡眠中に、間違いなく眠っているのですが、頭の中でその問題を解いていたという経験が複数回ありました。社会人になってからも、睡眠中に、同じように、特許になるアイデアが浮かぶことがありました。

特殊な現象なのかと思っていましたが、ジョセフ・マーフィー著『眠りながら成功する自己暗示と潜在意識の活用』（産業能率大学出版部）に出会って、潜在意識による事象であることを知りました。また、私だけの特殊な現象ではないことも確認できました。

睡眠中にアイデアが閃いた経験のある方は少なくないと思います。それと同じ現象だと思います。

このテクニックを積極的に使わない手はありません。朝までに解決したい問題を頭の中で確認して就寝するようにしています。昼間にあれこれ考えていたことですから、あらためてインプットし直すことはしません。

プレゼンの筋立てや、直面している課題の原因究明や、その日に取り上げられた問題の対策方法や、次回の会議の参加者を誰に絞ろうかとか、その日に答えに到達しなかった問題が対象です。

どの問題かを決めて寝ます。

感覚的ですが、頭の中で答えを探っていることに気付きます。これが、目が覚める最初の状態で、どの答えにしようか考えている自分がはっきりすると目が覚める。

そんな感じです。毎日絶対に答えが得られるわけではないですが、私は、50％ははるかに超える高率で答えに近づいています。

●朝型人間

朝型か夜型かの比較がありますが、朝型優位を主張するビジネス書が優勢だと思います。私はこの睡眠のテクニックを使っていますので、できるだけ夜更かしは避けて、早寝早起きをしています。

朝起きたら、コップ一杯の水を飲んで、コーヒーを飲みながら、先ほどまでどの答えにしようか考えていたことを、手帳やメモ帳に書き出します。

プレゼンの筋立てが進んだ時は、作りかけのパワポを修正します。

それからメールチェックして朝食、それから出勤というルーティーンです。

●ウォーキング

1日1万歩を歩くようになって18年目になります。

所期の目的は内臓脂肪を減らすことでした。

その効果は始めてすぐに表れて、それが継続のモチベーションになっています。1万歩歩くにはおよそ90分要します。

休日は何とかなるのですが、平日をどうするか。

片道4㎞程度を車通勤していましたので、思い切って徒歩通勤に変えてみました。

京都に転勤した時も、会社から3～4㎞圏内に住まいを決めて、往復徒歩通勤にしました。

そして、もう一つ大きな副次効果に気付きました。目が覚める直前まで考えていたことの続きができるのです。会社に着く頃には答えが整理できていることがよくありました。

この副次効果は、ウォーキングで脳を活性化させるという主張の一例だろうと納得しています。

考え続けても答えが出ない時は、会社の自席に居ても答えには行き着きません。

多くの先人が言っていますが、自宅でゆっくりしている時に答えがふと閃くと。私は先人の知恵（ビジネス書）と自分自身の経験を繋げて、睡眠時の脳の活用とウォーキングとで、答えに近づく一つの方法を試行しています。

私独自の生産性向上術です。

ルール 5

自分には無いものを持つ人の行動や考え方を真似て、自分に足りないものを補充する

自分の足りない所を埋めるのに「人の真似をする」ことは手っ取り早くて有効です。本章の最初でも触れましたが、「感動したことは、実践して自分のものにする」です。

自分の周りを観察してみますと、仕事の進め方、資料のまとめ方、報告の仕方、部下との会話の仕方、他部署との接し方、ビジネスパートナーとの交渉の仕方、色々な場面で、これは上手だな、凄いな、と感動する技が見つかります。感動したら、その人のやり方を真似てみるのです。

こっそり真似る必要はありません。

良いと思うことを職場で共有して、他のメンバーにも紹介したら良いです。

「先輩のこのまとめ方は、分かりやすくて良いですね。私も使わせてもらいます」なんてその先輩に声を掛けてみると、手順を詳しく教えてくれるかもしれません。

それから発表の時に、「この資料は○○さんの資料を真似させてもらいました」と言いながら資料のまとめ方を共有したら良いと思います。

自部署に留まらず、会社の中で仕事ができると評判の人を探して、その人の技を盗む、その人の仕事ぶりを真似る。これも良いと思います。

それから、他社の方は参考になることが多いです。

製品や技術を提案に来る取引先の方。協業の可能性を探りに来られる方。私たち顧客に真剣に向き合って準備されて来られた方からは、その真摯な態度、説明の仕方や交渉の進め方、至るところにキラッと光る真似たくなるモノをお持ちです。

私は若い頃から良い先輩や上司に囲まれていたので、真似させてもらったことが多くあります。課題に取り組む姿勢、問題解決の仕方や考え方、仕事全般ありとあらゆることです。

細かいことですが、手帳の使い方もその一つです。試行錯誤の過程で良かれと感じた方法を取り入れました。ですが、その真似た方法を継続しているかといえばＮＯです。

そのあとに別の方法に取り換えました。真似し続けなくてはいけないというものではありません。気楽に真似てみたら良いと思います。もちろん、真似た手法を使い続けていることも多いです。

序章で触れた買収された時は、ロームのやり方を多く真似ました。

ヤマハのやり方を貫くことも出来ましたが、ロームの時間の流れの中では、ロームのやり方が都合良かったからです。

例えば、朝礼。

朝礼は皆が元気に出社していることを確認する場ですので、朝の挨拶と事務連絡で終わっていました。そこにその日にすることの確認を入れました。

しかもホワイトボードに書き出して、その進捗を昼と夜に確認しました。納期厳守の開発をしていましたし、メンバー全員がその有効性を理解していましたので上手く機能しました。

真似ることは個人でもチームでもできます。良いなと感じたことは真似てみる。

もし期待する効果が出なければ、元に戻しても良いですし、そこを起点に改善しても良いです。気楽に真似てみることから始めてください。

ルール6 上司になったつもりで語って、その立場になる自分を訓練する

東北大学名誉教授故大見忠弘先生に教わった言葉です。

工学博士の学位授与式で、修了生への激励のご挨拶でお話になられました。そのお話の要点の言葉です。

「皆さんは、将来、上の立場になるのだから、今から、上の立場の方がどんな発言をするのか、その都度考える癖を付けると良い。そのために、上の立場の方が話す内容を『自分ならこう話す』というシミュレーションをすると良い」こんな内容でした。

大きな会議の挨拶。特に総評をされる時に、自分ならこんな総評をしようと準備します。総評をするつもりで会議に参加すると、発表を真剣に集中して聞くことになります。そして要点を記したメモが手元に出来上がります。私だったら、こんな風に話そうとい

うあらすじを作ってしまうのです。そうして、総評を聞きます。

大抵は、感心させられることが多いです。

そういう視点があったのか。

そういう見方があったのか、と。

感心することがほとんどですが、時には、「私の認識の方が正しいのでは？」ということもあります。

何が正解ということではなくて、実際の総評と自分の準備したあらすじとの違いの分析が大事です。大抵は、自分の認識の不完全さを反省させられることになります。

大きな会議でなくても、普段の会議でも同じことです。

会議の終盤に、この会議をどのようにまとめて次に繋げるかを自分なりに整理するのです。

そして、会議主催者がどんなまとめ方をするか、自分のまとめと比較することが訓練になります。

このような会議が身近に少ない方は、あなたが出席する集まりで、同じように試してみてください。あなたの担当分を準備して話すのは当然です。

担当分だけ話して、他の話題を聞き流していることがありませんか。もしボーっと時間を過ごしているなら、その集まりの締めの言葉を考えてみると面白いです。


もう一歩進めてみましょう。

それは、スピーチや挨拶ではなくて、仕事の判断も同様にしてみたら良いです。

上司になったつもりで仕事の判断をしてみてください。

あなたが係長なら、課長になったつもりで判断してみてください。

そうすると、今のあなたより広い範囲を俯瞰して仕事をするようになります。


でもあなたは課長ではないので、課長と全く同じ情報は入手できません。

課長と競うことが目的ではありませんから、気にしなくて良いです。手元の情報で、課長になったつもりで判断してみます。

課長の判断とあなたの判断が違った時、課長にあなたの考えを伝えてみてください。

「私は、○○と△△であったので本件GOで良いと考えました。課長がSTOPした理由を教えてください」

そうすると、

「○○と△△であればGOなのだけれど、□□という不確実要因がありそうなんだ。だから今回はSTOPした」みたいな説明をしてくれるはずです。

このような前向きな相談は上司には嬉しいものです。

こんな練習を繰り返していると、判断に必要な情報があなたにも集まってくるようになります。その結果、今よりも高所から物事を見られるようになります。

ルール7
人との出会いに感謝し、いざという時に頼りになる人を増やす 肝はギブ&ギブ

会社の肩書が無くなったら「ただのおじさん」。

ローム の役員退任時はこれを身に沁みて知りました。

会社間のお付き合いとは、お互いに会社を代表した肩書・役職のお付き合いです。

私が居なくなれば、その肩書・役職を引き継いだ後任者との付き合いに変わります。当たり前のことです。想定はしていましたが、潮が引くようにいなくなるとはこのことだと痛感しました。


一方、長くお付き合いする人はこういうタイミングで見究めなさいという話を聞いたことがありました。

相手が苦境に陥った時でもアプローチしてくれる方です。

幸いなことに、私にはそういう方々が多くいました。

温かいメッセージやさりげない心遣いに触れて本当に救われました。

これが究極のギブだと思います。その方々とは、今も良い関係が続いています。

ビジネスのお付き合いは、そのビジネスが終われば基本は解消です。でも、それでは寂しいですよね。せっかく一緒にビジネスをしたのですから、お付き合いを継続したいなと思う方は多くいらっしゃいました。

お付き合いというのはお酒を飲んだり、ゴルフをしたりするということではなくて、何かあった時に連絡が取れて、話を聞いてもらえることです。


このような仲を維持するという感覚です。

こんな思いが若い頃からありましたので、以前から、ビジネスが終わっても関係を継続することを心掛けていました。

大したことではないです。

ビジネスを一緒にした方なので、お互いに忘れることはありません。ですから頻繁に連絡する必要はありません。

私は、年賀状を送りました。新年の挨拶に、私の近況を手書きで書き添えました。

最近は虚礼廃止で年賀状を無くす会社が増えています。受け取る年賀状が減っていますから、むしろ目立って良いのではないでしょうか。私の年賀状は、虚礼ではないと思ってお送りしています。

その他に、相手の方の会社のグッドニュースを見かけたら、「〇〇技術の商品化を知りました。何がブレークスルーになったのか、是非、教えてください」とか、「増収増益の記事を拝見しました。コロナ禍で凄いですね。どの部門が調子良いのですか」とか、軽く返事をしていただけるメッセージをメールで送るようにしました。

私は具体的な何かを求めていたわけではなく、私のことを忘れないでくださいと、メッセージを送り続けたということです。この程度の些細なことですが、私のことを気に掛けてくださった方がいらっしゃったのは大きな救いになりました。

前述のローム役員退任後に移った会社の一つは、まさに親しくさせていただいた大先輩からのオファーでした。独立した今も、多くの方のご支援をいただいています。

ビジネスパーソンは、会社の看板が初対面の人とのつなぎ役になります。社名を言えば、そしてそこにビジネスの臭いがすれば、会いたい人と会えます。必要な時に必要な方と会うことに大きな労力は要りません。あなたが部門長の肩書を持っていたらさらに容易いでしょう。

ところが万一ですが、会社の看板が無くなったらどうでしょう。もし、あなたの肩書が無くなったらどうでしょう。今、あなたにこの想定は必要無いかもしれません。

でも将来は何が起きるか分かりません。今までに醸成された人間関係を振り返って、あらためて大事にしていただきたいと思います。

第4章

働ける内は働きたい！将来の選択肢を増やす6つの考え方

転職がごく当たり前のことになり、最近は国の働き方改革の推進で副業・兼業を許可する会社が急速に増えています。

また、定年を過ぎて65歳まで再雇用制度で働ける環境が整いました。

さらに、数年の内には70歳まで働ける会社が増えるものと想定されます。

今あなたは45歳だとします。70歳まで25年あります。

新卒で入社されたなら、今が中間点です。

今年あなたは部長に昇進し、気力が充実しています。

その思いがこれから25年間続けば幸せなことです。

ところが10年後の55歳に役職定年が待ち構えています。

役職定年は、後進に活躍の機会を与えることが大きな目的です。

部長になるまでは、その目的に大賛成でしたが、自分の番になると複雑な思いです。

高齢・障害・求職者雇用支援機構の調査[1]によれば、役職定年を経験した約6割が会社に尽くそうとする意欲が下がるそうです。

その後の再雇用制度も評判は良くありません。

残り25年の内、後半を気力が減退した状態で働き続けなくてはいけません。それを良しとする方は少ないでしょう。

気力が充実した状態で働き続けるために、準備できることがあります。
まずは今の会社で、2章で紹介した生産性を高めるスキルを身に付けることです。
同時に、あなたが充実して働ける会社を探して、その会社に移るのも手です。
あるいは、副業を試してみて、ある段階で独立するのもやり方です。
もちろん、今の会社で70歳まで働く選択肢もあります。
どんな選択肢が使えそうか、本章で確認をしてください。

会社の辞令に自分のキャリアを委ねるのは止めよう

キャリアプランとは、自分自身の仕事や働き方について、将来どのようなあり方を目指すかという具体的な目標を立て、目標達成のための計画を立てること。

このキャリアプランの定義をあらためて眺めてみますと、私はキャリアプランを立てることなく会社員として40年を過ごしてきました。

それは計画を立てたところで、個人の希望が社内の人事異動に反映されると思っていなかったからです。

ただし、将来のあり方には及びませんが、その時々の夢にも似た、数年先の希望は持っていました。

会社には、ある職位に到達するまでのおよその道筋を示したものはありました。

キャリアパスというのでしょうか。

このキャリアパスに乗っていれば、それなりの立場にはなるのだろう程度の思いでした。

ただ、組織はピラミッド型ですから、キャリアパスに乗ったとしても、全員が課長や部長になれるわけではありません。

それは頭では分かっていました。


会社が提示するキャリアパスといえども、その会社の成長の程度によって、あるいは人事政策の変更によって、10年先、20年先を正確に示すことはできません。

この40年間、大きな流れとして、組織が細分化されました。

会社の規模にもよりますから、あくまで平均的なイメージです。40年前、係が5人前後、課が15人前後、部が50人程度であったと思います。

それが今では、5人程度の課もあり、15人前後の部もあります。

つまり、昇進待機者が増えるので、ポストを増やして対応してきたということです。

成長している会社では、この配慮は要らないですが、そうでない会社ではこのような対応になっているのではないでしょうか。

大学卒業後、最初に入った会社で、私は開発部隊に配属されると信じて疑いませんでした。

ところが、配属先は品質保証部門。

辞令を受けた瞬間、退職して大学に戻ろうと脳裏をよぎりました。一日掛けて気持ちを整理し、「まずはこの職場で成果を出そう。その上で、開発部門への異動をお願いしよう」と切り替えました。

ところが成果が出ると、異動が難しくなりました。

上司としては手放したくなくなりますから。

私自身も「異動しなくても良いかな」と思い始めた時、2社目となる会社から転職のお誘いがありました。

「研究開発部門で開発をして欲しい」と。

実家に戻るUターン転職でもあり、断る理由は無く即決しました。

この時も、キャリアプランは無かったですが、「開発の仕事をしたい」という新入社員の時の思いが実現しました。

2社目では、良い先輩や同僚に恵まれて、開発の仕事は順調に進みました。

半導体の開発は、ムーアの法則に従います。

ムーアの法則とは、「集積回路上のトランジスタ数が2年毎に2倍になる」というものです。

在籍した12年間で6世代の製造プロセスを開発しました。

私は、会社のノルマの仕事に留まらず、学会発表も精力的にさせてもらいました。

その中でも、採択率30%のIEEEの国際学会での発表が大きな自信になり、博士号取得に繋がりました。

開発業務は概ね順調でしたが、昇進という点では閉塞感がありました。

俗っぽいですが、開発部長になりたいと思ったところで、先輩が5人以上いて、年功序列だとしたら定年直前までポストが空かない、これが現実でした。会社の辞令にキャリアを委ねている時期でした。

代わりにイメージしていたのが、「開発リーダーをしたい」でした。

サブリーダーをしていましたが、当時は絶対エースがいましたので、それもなかなか厳しい希望でした。そんな時に、序章で紹介しました新工場閉鎖が発表され、ロームによる買収が決まりました。それまで考えていた前提が大きく変わってしまい、結果的に、閉塞感から解放された時でした。

この時もキャリアプランは無かったですが、開発リーダーをしたいという思いを基準にして、チャンスと感じたことをつかみにいきました。

業容の変化が小さく成長が停滞している時、組織や体制は変わりません。

そのような会社や事業部門に在籍されている方は、私が抱いたのと似た職場の閉塞感を持たれていると思います。

上が詰まって昇進が見込めない状況で、キャリアプランを立てる気持ちにならないと思います。

では、あなたの上司は、あなたのキャリアアップを考えてくれているでしょうか。

あなたは、あなたの部下のキャリアアップを考えていますか。

あなたの上司もあなたも考えていると思います。新しい仕事を担当させて、業務の幅を広げてあげたいと考えていると思います。しかしながらできることは今の組織の中ですから限定的です。ましてや昇進という機会は非常に少ないのではないでしょうか。

このように、上司に大きな期待ができません。

この場合どうしましょうか。

将来なりたい自分をイメージすることから始めたらいかがでしょう。

具体的には、5年後、10年後にどうなっていたいかを整理しておくことです。

環境の変化は読めませんので、チャンスが突然訪れることがあるでしょう。なりたい姿を整理しイメージしておかないと、チャンスをチャンスと認識できずに逃がしてしまうかもしれません。

自分で自分の枠を決めて、そこに籠らないほどほどキャリアが、どこからも必要とされなくなる

東京商工リサーチの発表によると、2021年に希望退職を募った上場企業が84社あったそうです。

注意しないといけないのは、その内約4割は直近の通期決算の最終損益が黒字であるということ。

業績が良い内に人員削減で経営効率化を図る「黒字リストラ」をしているのです。

そのニュース記事から、どういう世代が対象者になっているかランダムに抽出しました。

- 満45歳以上65歳未満で、勤続年数が10年以上の正社員
- 42歳以上で勤続3年以上の正社員
- 満50歳以上59歳以下で、かつ勤続5年以上の社員

例えば勤続25年49歳のあなたは、会社で通用する多くのスキルを習得し、あなたの会社では重宝されているでしょう。

あなたの担当されている仕事は、同様にあなたでないとできないと評価されているかもしれません。

でもそれは、あなたでなくてもできるのです。

もしあなたしかできないと思っているなら、あなたの勘違いです。

会社は、その仕事を、あなたよりも給料の安い方に担当してもらいたいのです。希望退職とはそういうものです。

「会社は、あなたが居なくても回る」

このように言われて、「えっ」と思っていませんか。

残念ながら、会社は、あなたが居なくても回るのです。

ある仕事を継続していると、その仕事は次第にあなたに任されるようになります。

そして、上司や同僚から認められ始めると、その内に自分に価値を見出すようになります。

それが何年も経過する中で、人は自分が抱えている仕事に対して、「この仕事は自分がいないと回らない」という幻想を抱いてしまいます。

会社という組織体にしているということが、「あなたがいなくても仕事が回る」ようにするためといえます。

私は独立して一人でやっています。私が居なければ回りません。

でも、会社にしてスタッフを雇えば、私が一日位休んでも、スタッフが代わりをしてくれます。

チームを組むことで、自分がいなくても仕事が回るようになるわけです。あなたの能力云々ではなく、会社とはそういうシステムなのです。

もう一つ、2：6：2の法則をご存知ですか。

集団が形成されると、2：6：2の割合で3つのグループに分かれるというものです。働きアリの法則ともいわれ、2は生産性の高い優秀な人たち。6は平均的な人たち。2は生産性の低い人たち。それぞれの割合を指しています。

ここで上位の2割の人たちが居なくなっても、残り8割の人たちに優劣ができて、再び2：6：2の割合に分かれるといいます。

つまり、あなたが居なくても代わりの人が現れるということです。

今のあなたの立場は絶対ではないということ。

あなたの立場は、他の誰かに任せても良いというのが事実なのです。

ここを冷静に認識しておくことです。

「私はこれしかできません」と言っている場合ではありません。

黒字リストラのような場面に出くわしても、慌てないように、不本意に希望退職に応じないようにするために、仕事に取り組む姿勢を変えてください。

知らないことを尋ねられたら、「分かりません」で済まさずに、調べてみましょう。

やったことがない仕事を頼まれたら、断らずに、教わりながらやってみましょう。

普段の意識をちょっと変えるだけで変化が起きます。

プロジェクトのような他部署のメンバーと一緒に仕事をすることがあると思います。自分の担当分の結果を出すことは当然ですが、他のメンバーのやっていることや結果に興味を持つのです。皆で議論する時は、プロジェクトリーダーになったつもりで考えて発言すると良いです。

このような機会を使って、今の職場の枠を超えた、知識やスキルの習得に努めてください。

あなたが組織の長であるなら、部下の皆さんを見渡して、該当する人がいないか確認をしてください。

働ける内は働きたい。最大の動機は経済的理由

60歳を過ぎて働きたい人が80％、その内の20％の人は、働ける内はいつまでも働きたいと考えています。

1章図表1―3に示しました。

では、「働ける内はいつまでも働きたい」と考える理由は何でしょうか。

永野仁教授の論文「高齢者の就業希望の分析」（明治大学政経論叢、第86巻第5・6号、P．57、2018）で開示されているデータに解釈を加えてみました。

図表4―1に結果を示します。

調査対象は60歳代前半の就業者です。

この調査では、働く理由を複数示して、当てはまる項目を選んでもらっています。

複数回答ですので、回答割合はその項目を支持する割合を示します。回答割合の多い順

図表4－1　働く理由（複数回答可）

#	働く理由	回答割合	経済的理由	自律的理由	消極的理由
1	現在の生活のため	74.6%	○		
2	老後の生活に備えるため	51.3%	○		
3	健康のため	35.5%		○	
4	社会とのつながりを維持したいから	29.3%		○	
5	自分の経験や能力を発揮したいから	25.1%		○	
6	会社から働いて欲しいと頼まれたから	22.0%			○
7	家に居ても仕方ないから	21.0%			○
8	小遣が欲しいから	20.6%	○		
9	仕事を通じて、社会貢献したいから	18.4%		○	
10	今の仕事が好きだから	15.6%		○	

「高齢者の就業希望の分析」表3をもとに筆者作成

図表4－2　働く目的　令和3年度世論調査の結果

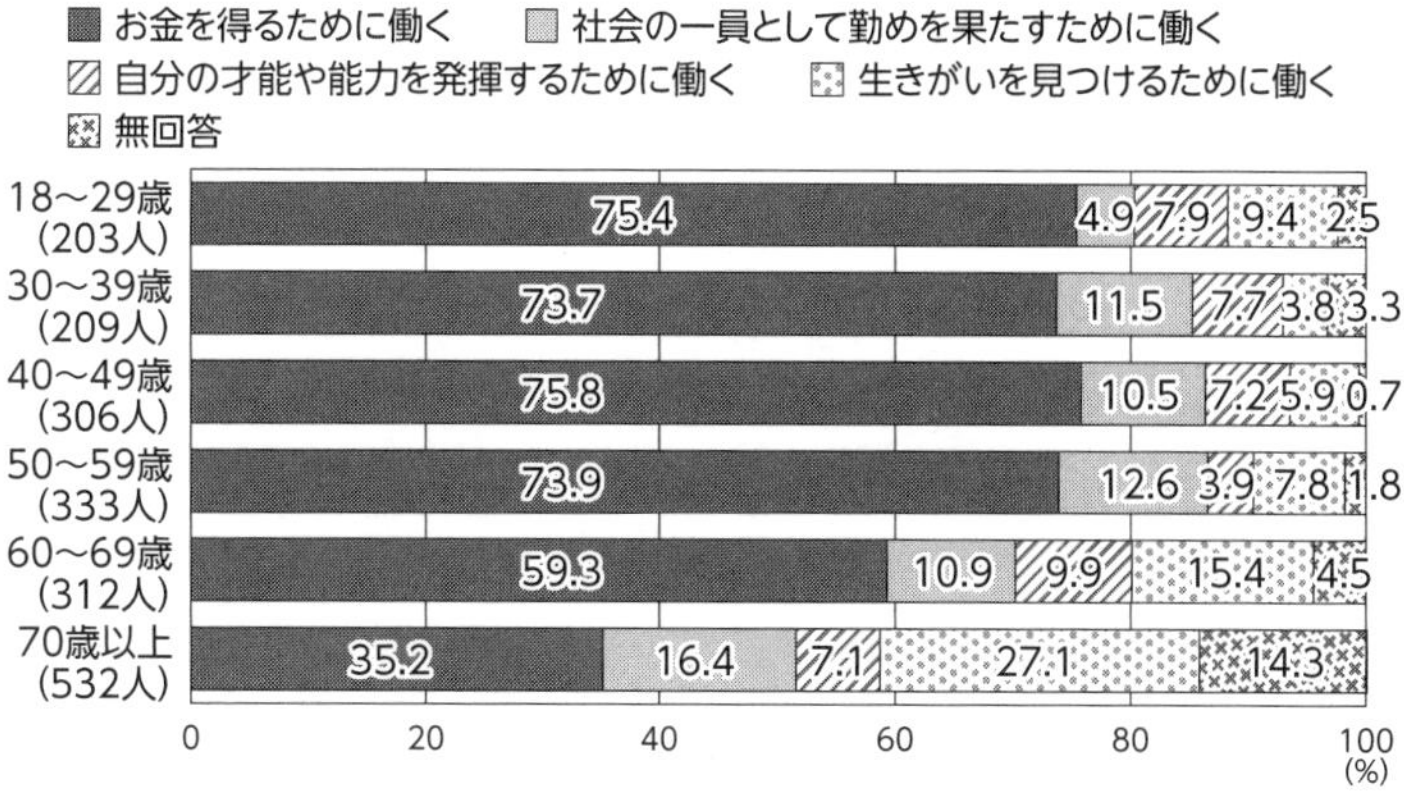

国民生活に関する世論調査　図24－内閣府（gov-online.go.jp）より転載

に上位10項目を表しました。

今現在の生活を維持するために働いている方（＃1）が4人中3人。老後（将来）の蓄えのために働いている方（＃2）が半数。これら経済的な理由で働いている方が最も多いことが分かります。

次に、社会との繋がりを維持したい（＃4）とか自分の経験を役に立てたい（＃5）と、自律的に働きたい方はおよそ4人に1人です。

この60歳台前半の思いと現役世代の思いが同じなのか違うのかを知るために、内閣府の世論調査の結果（図表4―2）と比較しました。

世論調査の結果でも働く目的は経済的理由が一番多く、60歳台前半の思い（図表4―1）と一致します。

つまり、特別な思いを持って「働ける内は働きたい」と言っている人は少なくて、現役世代の働く理由や目的もまた変わらないということです。

また、図表4―2で、60歳代と70歳代で経済的理由の割合が減っているのは、子女の独立と年金収入があるためと考えて良いと思います。

もちろん、人それぞれに違いはあるでしょう。

もしあなたも働ける内は働きたいと考えているなら、その理由は何でしょうか。

経済的理由は世代に関係なくみんなが一番に考えていること。それ以外の理由です。それは図表4―1で自律的理由に分類した5つの項目（#3、4、5、9、10）のいずれかではありませんか。そしていきがいという喜びを求めているのだと思います。

私は、自らの能力を磨きながら社会と関わりを持ち続けたいからです。そしていきがいという喜びを味わいたいです。

今の会社で働き続ける現実とそのために準備すること

今の会社で働くにしても転職するにしても、会社員であり続けることは同じです。2021年の総務省統計局のデータによれば、日本の就業者の89・6％が雇用者です。数字から見てもメリットがあるから、大多数が会社員を選んでいます。

会社員のメリットは重々承知と思いますが、主だった事柄を挙げてみます。

① 毎月一定の収入が得られる

仕事の成果によらず決まった給与が支払われます。あなたが立てた事業計画が未達であったとしても、あなたが仕事でミスをしても、有給休暇や傷病休暇を使って仕事を休んでも、給料を受け取ることができます。これらは労働基準法で保護される労働者だからです。労働時間の上限も設けられています。

②仕事が与えられる

上長から会社の目標に沿った仕事が与えられます。あなたが目標設定をしなくても、会社の目標があなたに与えられた仕事と結び付いてきます。その仕事を通して会社の目標達成に貢献すれば評価もされます。

③会社の信用を借りられる

名刺を出せば、相手は自分の立場を理解してくれます。「○○株式会社の○○」と名乗れば、会いたい人とは概ね会うことができます。

④福利厚生が受けられる

特別休暇や通勤費はもちろん、社員食堂で安く美味しくお昼を食べられたりします。さらに、提携先の宿泊施設やレクリエーション施設を安く利用でき、それらは家族にも適用されることが多いです。

これらは制度化されているものも多く、会社員にとって当たり前過ぎて空気みたいものです。さらにもう1つ、大きなメリットがあります。

⑤　お金をもらいながら学べる

自己啓発の講座費用が補助されることもありますが、業務そのものを通じて学ぶことができます。今の会社のノウハウはあなたのものです。その上で、技術やスキルの習得が奨励されます。

5番目のメリットは、あなたが望めば望むほど多くの成果が得られます。しかもテーマはあなた次第でどのようにでも設定できます。2番目のメリットのとおり、会社に居れば仕事は与えられます。それを淡々とこなすのも良いですが、自分なりの思いを付加して目標以上の結果を出せば、歓迎され評価されます。その思いこそあなたの提案であり、実務を通して検証することができるのです。

新しい仕事を企画し提案することもできます。その提案が承認されれば、会社の資産であるヒト・モノ・カネを使って実現できるのです。皆の共感を得るテーマであれば、全社で応援してくれるかもしれません。

会社から与えられた仕事に、さらに付加価値を付ける。色々な付加価値があります。

●出来栄えを良くする
●目標を上回る結果を出す
●設定時間よりも早く仕上げる

これらの付加価値が大きい程、生産性が高いということです。

本書の主題である生産性向上に関する様々な提案を、皆さんも試行し、検証していると思います。

そういう作業そのものを会社から認められているからできるのです。特権といって良いです。

この特権は、使うも使わないも自由です。

たとえ使わなくても何のおとがめもありません。

大きな仕事を終えて一息つきたいとか、何も考えたくない瞬間はあります。

やりたくなったらやれば良い。このゆとりも含めて特権といえます。

会社員にはこのような多くのメリットがありますから、会社員を続けることがビジネスパーソンの王道になるわけです。今の会社で働き続けることに疑問を持たない方がほとんどだと思います。

別の言い方をしますと、今の会社で働き続けることを積極的に選択していないということとです。

同期や同僚が周りに大勢います。

みんな居るから安心だと、敷かれたレールの上を人事のプログラムどおりに歩いていますよね。

課長への昇進、部長への昇進、本部長への昇進が待っているでしょう。その後は、役職定年、定年、再雇用ですね。

ここで一度立ち止まって自分で肚落ちさせてみませんか。今の会社で働き続けることを。

そして、どのように働き続けるかを。

転職の現実とそのために準備すること

転職による退職届の承認をすることが立場上多かったです。転職を本気で考えている人は、会社関係者に相談することなく内定を取り付けます。

転職を伝えに来る時は、全てが決まった最後の段階です。そこから慰留しても、転職を翻意させることはできません。「残念です。新天地で頑張ってください」と言って、承認印を押すだけで済ますこともできました。

でも転職を思い起こさせる原因が現職場にあったはずです。その原因の改善に繋げようという思いから、次のことは質問させてもらいました。

「当社では、やりたいことがやれないから転職されるのですね。それは何ですか」

「職場の人間関係か職場そのものに不満があって転職されるのですか」

「会社が何をしていれば、転職しようという思いが芽生えなかったですか」

最後だからと詳しく経緯を話してくれた人もいれば、「もう決めたことです」と詳細を話さない人もいました。

大抵の方は、承認印をもらったあとだからなのか、詳しく話してくれました。ただし、そこで語っていただいたことが、本心なのか確証はありません。

この決裁の場の他に、私自身転職が多かったからなのか、部下や関連部署の方から、転職に関する相談を受けたことは少なくなかったです。

これらの会話を通じて、勧める転職と勧めない転職の私なりの基準を持つようになりました。

【勧める転職】

将来、自分はどうなりたいのか。

それを明らかにしている人は、今するべきことを明確にされています。今するべきことが、今の会社ではできない。だから、今するべきことができる会社に転職したい。本気でそこまで考えているなら、転職を止めることはできません。

【勧めない転職】

自分がどうなりたいのかが転職の基準ではなくて、現状の不満を解消するために転職を考えている場合です。

① 今の仕事に不満があって、そこから離れる手段が転職の場合。不満の原因を明らかにして、社内で対策することを模索すべきです。社内の適切な部署に異動させてもらうこともできます。もし不満の原因があなた自身にあると、転職先でも同じことが繰り返されます。

② 人間関係に不満があって、そこから離れる手段が転職の場合。転職先の会社でも同じ不満が生じ得ます。まずは、本人が、その原因を明らかにすることです。それを上司が理解できれば、社内の異動で解決できます。上司と話ができなくても、今は多くの会社で相談窓口があります。社内の仕組みの中での解決を優先すべきです。

私は複数の会社を経験しましたが、不思議なことに、どの会社にも似たタイプの人がいらっしゃいました。

大まかに分類しますと、私のやり方に好意的な方、お手並み拝見とばかりに中立の方、批判的な方に分かれました。

成果が出始めると、中立の方は好意的にシフトしていただけますが、批判的な方は変化が無かったです。

それは、私が批判的な方に合わせなかったからです。

私という個性は、どの集団でもほぼ同じように受け止められることを実感しました。

つまり、転職であなたの個性は変わらないでしょうから、転職で人間関係の改善を期待しない方が良いということです。

1章で転職サイトへの登録をおすすめしました。

それはあなたの市場価値を知る手段として使えるからです。転職サイトですから、採用のオファーはあるでしょう。

もしオファーが届いたら、あなたの何が評価されて、どのような期待をされているのかを聞いてください。

今の会社で実現できる程度の期待ならば、その会社に移る必要なないでしょう。

もしそれ以上の大きな期待をされているのでしたら、その期待を理解した上で、転職を選択肢に入れたら良いと思います。

あなたが考えていた将来の姿と違うオファーが来たらどう対応しましょうか。

あなたが今、製造会社の生産技術のエンジニアだとしましょう。将来は、その会社の工場長を目指していたとします。そのあなたに、今までの経験をもとにして、マーケティング部門を見て欲しいというオファーが届きました。

さて、どうしましょう。

こういう時は、先方があなたのことを正しく評価しているか、過大評価していないか、先方の評価を正しく理解することが第一です。

それに納得できるなら次の段階に進めば良いと思います。将来の自分の姿を描くことは大事ですが、自分目線なので視野が狭くなりがちです。

転職のオファーは他者目線ですから、自分で気付かない可能性を教えてもらうことがあります。これをチャンスと捉えるか否かは、あなた次第です。

転職サイトに登録したからオファーが届くというものではありません。

現実は、ミドル層の転職では即戦力が期待されるのと、年齢が上がる程期待値が膨れるのでマッチングが難しくなるようです。

タイミング良くオファーが届くかもしれませんが、全くオファーが無いかもしれません。

あなたが焦ってもどうにもならないことです。嬉しいオファーが届くのを気長に待つことになると思います。


首尾よく転職できました。

「心機一転、頑張るぞ！」その気持ちを忘れないでください。

あなたは、あなたの専門領域の即戦力として入社されたのですから、成果を上げることを無条件に期待されています。

前にも書きましたが「転職したらまず成果を上げて認めてもらうこと」です。

最初の仕事はちょっと無理してでも結果を出してください。最初の印象であなたの当面の評価が決まってしまいます。

もう少し厳しく見ますと、あなたの専門領域で結果を出すのは、当たり前です。

ここを最低限の成果として、あなたができる人であることを印象付けましょう。

2章で紹介した「限られた時間で最大の成果を上げるスキル」を使って、あなたの生産性の高い仕事ぶりを見せてください。

あなたの専門技術は、時間の経過と共にその会社の汎用技術になるでしょう。

一方、この生産性の高い働き方は、あなたがどんな仕事も対応できる人であると印象付けます。

あなたを採用した上司は、「新しい仕事を頼んでみよう」と思うようになります。こうして、新しい会社であなたの立場が定まります。

独立起業の現実とそのために準備すること

日本の就業者の89・6％が雇用者であると書きましたが、会社員のメリットがそれだけ大きいということです。

会社員を辞めて独立起業するということは、会社員のメリット以上の魅力があるか、会社員のデメリットが大きいからでしょう。

まず、会社員のデメリットといわれる側面を確認しておきます。

①　給与が劇的に上がらない
②　勤務時間帯や出勤日が決まっているので窮屈に感ずる
③　やりたくない仕事もしなくてはならない

④　人間関係に悩むことがある

これらに耐えられない方が独立することはあるでしょう。

しかしながら、多くの会社員にはデメリットといえる程ではないと思います。

89・6％の雇用者の感覚は、

①　給与の上限はあるけれど、安定した収入が得られる
②　勤務時間の上限が決まっており休日も有る。有給休暇も取れる

この2つのメリットが絶大で、
次の2つは、

③　やりたくない仕事も有るが、仕事と割り切っている
④　人間関係に悩むこともあるが、どこにでも気が合わない人は居ると割り切っていることが多いと思います。

ミドルシニアにとって重要な視点は、気持ち良く働き続けられるかということです。

70歳まで働ける環境が整いつつあると書きました。

その方向に向かっていることは間違いありませんが、実態はどのようなものでしょうか。

起こり得る事象を若い順に並べてみます。

●40歳を過ぎて、早期希望退職が突然宣言されるかもしれません。対象者になることは気持ち良くないですが、応募さえしなければ会社に残れます。居辛くなるわけでもありません。あなたが会社のキャリアパスに乗っていれば関係ないかもしれません。

●50歳代半ばで、役職定年を迎えます。役職定年制度を導入している企業は30％弱。役職定年を経験した人の半数が仕事に対する意欲が下がり、40％強が会社に尽くそうという意欲が下がっています。[2] 50歳を過ぎると、役職定年が無くても定年が見えてきます。会社人生の先が見えてしまうと総じて士気が低下します。

●定年からは再雇用制度で78％の方が継続して働いています（1章図表1―4）。ところが、再雇用での仕事と給与に対する満足度は低く、[3] 年金支給までの食いつなぎの場とも評されています。[4] 定年後に準備された道が再雇用だけですので、給与と業務内容を妥協して選択しているのが現状です。

役職定年以降をそれまでどおりに充実して働けるかです。生活のために収入を得なければならない。

だから働く。それも選択です。あるいは、やりがいのある職場を探して転職する。それが厳しければ、会社員を続けることを断念しないといけません。

そうなると、独立起業を選ぶということですが、それはわずか1％の道です（1章図表1―4）。

40年間の会社員生活で、私の身近で起業した方はわずか2人だけです。

比較的大きい会社に居たからか、製造業であったからなのかは分かりませんが、私にとっては非常に希少な方々です。起業は、ゼロからイチを作り出すこと。

誇るべき仕事です。

しかしながら、万一失敗したら財産を差し押さえられて再起が難しい。定年を間近にして急に起業できるような甘いものではありません。

実は、私は独立1年生です。

起業はこのリスクの高さから選択肢に入れることはありませんでした。

ですが、「働ける内は働きたい」を実現するためには、どこかで「定年の有る雇用契約」を終えて「定年の無い働き方」に変えなくてはいけないと思っていました。

そんな時に出会ったのが、大杉潤氏の著書『定年起業を始めるならこの1冊！　定年ひとり起業』（自由国民社）と木村勝氏の著書『働けるうちは働きたい人のためのキャリアの教科書』（朝日新聞出版）でした。

それらから、雇用契約の無い、しかも初期投資ゼロの起業の方法を知ったのです。

正しくは事業を起こしているわけではないので、起業でなくて独立したと言っています。

この独立とは、雇用契約を業務委託契約に変えて個人事業主になったということです。

1章の最後で触れました。

業務単位で企業と契約を結んで活動する個人事業主です。業務の内容次第で、週1日稼働もあり、週3日稼働にもなり得ます。

週3日稼働として、数字上残り4日あります。

そこに別の契約を入れても良いですし、ボランティア活動や趣味の時間に充てるのも良いです。

単発の仕事をしても、アルバイトをしても構いません。

このような仕事でしたら、事務所は自宅の書斎（机）とパソコンで十分です。

つまり、初期投資は要らないということです。

年初に今年の最低必要収入を設定して、その収入が得られるように仕事を入れていくことになります。

会社員ではありませんので、黙っていたら仕事はありません。自ら営業しなくてはいけません。

それから社会保険は全額自分で払うとか、会社員なら会社がやってくれていたことを自分でやらなくてはいけません。

最初は戸惑いますが、解説本が多くありますし、役所も親切に教えてくれます。

ここの不安は何とかなるものです。

問題は業務委託契約してくれる会社があるかです。

あなたの人脈で探すのも有効な方法ですが、今は仲介業者が多くあります。

転職の項で触れた転職サイトの運営会社が、業務委託契約の仲介業務を拡大しています。

まずは登録して実情を見て感じてください。

1章（図表1―9）で、70歳定年法で新たに導入された「④70歳まで継続的に業務委託契約を締結する制度の導入」に触れました。会社に雇用されてしていた仕事を、会社から独立して業務委託で受けるということです。

再雇用制度と同列の措置に上げていますので、国がシニア社員の独立をすすめていると受け止められます。

もう一つ、厚生労働省が、働き方改革実行計画（平成29年）を踏まえて、副業・兼業の普及促進を図っています。

これを許可する会社も増えています。

このふたつの大きな流れがありますので、業務委託で受ける仕事は間違いなく増えます。しかも副業を認める会社が増えていますので、会社員を辞める前に試すことができます。

このようにして個人事業主になるという独立ですので、皆さんの有力な選択肢になり得ると思います。

［1］独立行政法人高齢・障害・求職者雇用支援機構「65歳定年時代における組織と個人のキャリアの調整と社会的支援─高齢社員の人事管理と現役社員の人材育成の調査研究委員会報告書─第2章」（２０１８）
［2］独立行政法人高齢・障害・求職者雇用支援機構「調整型キャリア形成の現状と課題、第8章 役職定年制度の導入状況とその仕組み」（２０１９）
［3］永野仁、「60歳代前半層の就業実態と雇用政策の影響」、明治大学社会科学研究所紀要、56（２）：１０１─１３６（２０１８）
［4］久米、鶴、佐野、安井、「定年後の雇用パターンとその評価─継続雇用者に注目して」、独立行政法人 経済産業研究所（ＲＩＥＴＩ）Discussion Paper Series 19-J-002（２０１９）

終章

人生は長い。自分と未来を変える

一歩踏み出すことで見える世界が大きく変わる

1年前、私がビジネス書を執筆するなんて全く考えていませんでした。働ける内は働きたい。この思いはありましたので、役員定年のあとは顧問で会社に残って、70歳位までは働けるかな、と漠然と考えていました。

この本の企画を始めたのは、2021年の晩秋、新日本無線の常務執行役員であった時です。新日本無線には2019年に、小倉会長（当時）に請われて60歳で入社しました。今までの経験をもとに新日本無線にない考え方を導入でき、小倉会長にも喜んでいただきました。小倉会長が2021年をもって退任されることが決まり、我が身を振り返った時、62歳、埼玉川越に単身赴任、コロナ禍で帰省もままならずという環境でした。それに、常務執行役員には役職定年があります。ずっと新日本無線で働けるわけではない。それなら、「新日本無線に留まらなくても良いよね」と、ふっと気持ちが軽くなった瞬間がありました。

「40年間良く働きました」その年の年賀状にそんなメッセージを書いていた大学の同級生がいました。私もそんな心境。そうして世の中を見渡すと、シニア世代で独立起業している方のホームページやブログ、出版された本がたくさんあることに気付きました。カラーバス効果です。

そこには、75歳でも生き生きと仕事をされている先輩の姿や、同世代で独立起業されている方の姿がありました。

雇われ続けていたので関心が薄かったのでしょう。雇われない働き方があるのだと今更ながらに気付きました。

子供は独立しているし、借金は無いし、不労所得が若干はある。

給与収入が無くなっても、生活費を賄える程度の収入が得られれば十分。

そう考えれば独立起業のハードルがグンと下がります。

まさにこの考えを示されていたのが、大杉潤さんの『定年起業を始めるならこの1冊！定年ひとり起業』でした。

そしてその中に、事例として載っていた木村勝さん（リスタートサポート木村勝事務所所長）に連絡をしたところ、早速Ｚｏｏｍで話を聞いていただけました。

その時にすすめていただいたことの一つが、商業出版でした。

「本を書けたら良いな」程度の願望は昔からありましたが、私でも書けるのだと認識したのは始めてでした。

程なく、松尾昭仁さんの『誰でもビジネス書の著者になれる！　出版の教科書』（秀和システム）が目に留まりました。これもカラーバス効果です。

そして読後1か月位で、松尾さんが主宰する著者養成スクールのセミナーに参加し、そこでスクール入学を申し出ました。

スクールでは、会社員をしていたら絶対にお会いすることのない自営業の方々とお会いしました。それぞれの分野で成功されている皆さんですので、その人脈ができたことだけでも私の視野は大きく広がりました。そしてこの本が世に出て、見える世界がまた広がることを楽しみにしています。

会社員生活40年、このような一歩を踏み出すことが多くありました。

それぞれの場面を振り返ってみますと、自らの強い意志から踏み出したこともあれば、たまたまということもあれば、背中を押してもらったこと、上司・会社の強い意向ということもありました。

この上司・会社の強い意向というのは、人事異動のことです。想定外の辞令はまさに一歩踏み出すことになりました。

一歩踏み出すとは、多かれ少なかれ勇気が要ることです。

私の場合、せっかちな性分が、一歩踏み出すことに強く影響していたと思います。

新たなチャレンジの無い時期、平穏な安定した状態が続くと、進歩できない焦燥感が湧いて来るのです。

人によっては、心地良く感ずるかもしれません。ところが私は、閉塞感が嫌いでそこから抜け出そうとしました。

もう一つ、私には一歩踏み出す時のハードルを下げる考え方がありました。

それは、やらなくて後悔するよりも、やって後悔する方が良いということ。上手く行かなければ、やり直せば良い。やるかやらないかを迷う位ならやってみよう。

こんな感覚です。

ただし、一歩踏み出す時に、知らないことだから踏み出さないというのは避けていました。

よく知らないことに対しては漠然と不安を感じますが、それで踏み出さないのはもったいないです。そういう時は、聞いたり調べたりして不安を少しでも減らしました。

不安が無くなるまで調べるのは難しいですから、不安が減ったところで踏み出していました。心配も似ています。不安より具体的なので、心配している要素を書き出して対処しました。

それから、一歩踏み出すことの効用を多くの方が指摘しています。

自分の世界が広がり、人生が豊かで深くなっていく。読者の皆さんも、多くの方が体感していることだと思います。

多くの名言があります。私にとって印象深い名言を挙げてみます。

「為せば成る、為さねば成らぬ、何事も。成らぬは人の為さぬなりけり」（上杉鷹山）

「障子を開けてみよ。外は広いぞ」（豊田佐吉）

「疑わずに最初の一段を登りなさい。階段のすべて見えなくてもいい。とにかく最初の一歩を踏み出すのです」（キング牧師）

「諸君にとってもっとも容易なものから始めたまえ。ともかくも始めることだ」（カール・ヒルティ）

一歩踏み出す局面は、これからも次々に訪れるでしょう。もし躊躇するようなことがあれば、これらの名言を思い出して歩を進めたいです。

Planned Happenstance Theoryに見る「今を一所懸命生きる」個人のキャリアの8割は、予期しない偶然によって形成されるという学説

序章で紹介しました工場の閉鎖、ロームによる買収、ローム本社への転籍、そのあとに続く人生の転換点はいずれも偶然の出来事でした。

それより前の人生を振り返ってみても、その時その時に出会った方々の言葉や、たまたま手にした本に書かれていたことが、自分の進路に強く影響していました。いずれも偶然の出会いでした。

東北大学を選んだのは、高校時代にお世話になった数学の先生から、工学部なら東北大学が「研究第一主義」で良いという一言がきっかけでした。

専攻は化学でした。公害が社会問題になっていて、有害物質を排出しない工場を作れたら社会に貢献できる。プラント設計をイメージして、選びました。

ところが、産業のコメが鉄から半導体に変わると大学の講義で知って、半導体企業に進

むことに変更しました。

希望通りに沖電気工業で半導体事業部に配属されました。

ところが、当然開発部署に配属されると思っていたのが、品質保証部門でした。辞令を受けた瞬間はショックで退職も頭をよぎりました。

それでも、当時の座右の銘の一つ「石の上にも3年」と思い直し、担当となった信頼性技術に取り組むとなかなか面白かったのです。この分野での権威になろうかと考えが変わりつつありました。

そんな時に、自宅に封書が届きました。

転職のお誘い。今でいうヘッドハンティングです。開発の仕事をさせてもらえると説明を受け、転職が稀な時代でしたが、ほぼ即断しました。

ヤマハで新技術開発の担当になって、特許を出願したり、学会発表をもっとしたいという思いが強まりました。

ヤマハ入社後には、その思いを実現でき、入社4年目には論文採択率30％の米国電気電子学会で口頭発表をしました。ヤマハ初のことで社内報に載せていただきました。

これがきっかけで、学会発表をコンスタントにするようになり、他社の優秀なエンジニアとの交流が増え、彼らからインスパイアされることがたくさんありました。その一つが、東北大学の社会人博士課程への入学でした。

1年で工学博士号を取得し、ヤマハでそのままエンジニアを続けて、ごく普通の会社員人生を送るものと思っていました。

ところが、序章に書きました事態になり、この本を書くような経験をするに至りました。

このように、進む道が変わるきっかけは、恩師の言葉、読んだ本、受けた講義、配属辞令、ヘッドハンティング、論文採択や学会で知り合った友人、まさかの工場閉鎖そして買収でした。いずれも偶然の出来事であったといえます。

今までに、5年先、10年先のキャリアを設計したことがありません。

キャリアプランを立てようにも、転職は選択肢には無かったので、できることは社内の他の部署への異動です。

会社に異動の希望を伝える場は、上司との定期面談でした。

ですが、異動の思いを伝えたところで、そのとおりに処遇してもらえることはまずありません。つまり、キャリア形成を目的にした社内異動がほとんどありませんでしたから、キャリアプランそのものに興味を持てませんでした。

このような環境下でしたが、仕事の仕方とかやりたいことはイメージしていました。論文を書きたいな、こんな新技術を開発したいな、部長になって部門を引っ張りたいな、そんな願望でした。

さて、会社員を卒業する頃に、私のキャリア形成を聞かれることが何度かありました。私は、「目の前の課題に精一杯対応してきた。それが解決すると、また新しい局面が現れて、そこの課題に精一杯対応してきた。その繰り返しだった」と、答えました。正直な気持ちです。このやり方に後悔していませんし、他人にも自信持って話せる内容です。

こういう考え方を持った人がいないかと気にしていましたら、計画的偶発性理論（Planned Happenstance Theory）という学説があることを知りました。

ご存知の方も多いと思いますが、１９９９年にスタンフォード大学のクランボルツ教授が提唱したものです。

著書の『その幸運は偶然ではないんです！』（ダイヤモンド社）を手にしたところ、「偶然をきっかけに、意識的に行動することが望むキャリアに近づく」ということが書かれていまして、私の生き方が承認されたようで嬉しかったです。

簡単に内容を紹介します。

クランボルツ教授らによりますと、18歳でなりたいと考えていた職業に、実際になった人の割合は、わずか2%だったそうです。

ですから、遠い未来のキャリアを設計し、そこから逆算する考え方よりも、偶発的な出来事からチャンスをつかみ、自らのキャリアに活かしていくといった考え方です。

この理論のポイントは、キャリア形成の8割が偶然によって決まるというものです。夢とか目標は、偶然の出会いから始まり、どんどん変わっていきます。

私もまさにそうでした。つまり、偶然の出会いを前向きに捉えることで、私が変わっていく。

これを維持するための5つの条件が示されています。

●新しい出会いのために好奇心を絶やさないこと
●新しい機会を得たら一歩踏み出す冒険心を持つこと
●失敗しても前向きさを保つ楽観性を持つこと
●納得いくまでやり切る持続性を持つこと
●他人の意見や新しい視点を受け容れる柔軟性を持つこと

私の今までの人生は、クランボルツ理論に近かったと思いました。

私の解釈ですが、キャリア形成に繋がる偶然を呼び込むのは、やはり人とのご縁なのかなと思います。


偶然、出会った人から……。

偶然、何十年ぶりにお会いした人から……。

偶然、手に取った本で……。

偶然、ネットで見つけた情報から……。


人生、何が起こるか分かりません。

分からないのは不安でもありますが、分からないからこそ、好機が巡ってくる可能性があります。

立ち止まらず引きこもらず、興味ある進路への一歩をまず踏み出すことが大切です。そしてその可能性にかけてみる価値が、人生にはあります。経験に無駄は無いです。

私は会社員を卒業して独立をしました。

これからも、この考え方で生きて行きたいと思っています。この本を書くことも、先ほど触れましたように偶然から始まりました。

どのように働くか、どのように生きるか

あと何年元気でいられるのか、厚生労働省が公表している健康寿命を確認してみます。

「健康寿命の令和元年値について」（２０２１年12月20日）によれば、男性の平均健康寿命は72・68歳、女性の平均健康寿命は75・38歳です。ちなみに、健康寿命とは、「健康上の問題で日常生活が制限されることなく生活できる期間」です。

平均値ではありますが、私はあと10年。

人生１００年時代と言われる割には短いですが、まだまだ時間は有るぞという感覚です。

会社員であった時、定年再雇用制度で働いている先輩に「今の仕事で満足ですか」と、聞いてしまったことがあります。

その先輩の現役時代の実績と比べたら、ほんのわずかな領域しか担当していなくて、や

りがいがあるのか疑問だったからです。正直に言いますと、やりがいが無いという答えを期待していました。

その先輩は、「会社の仕事はこれで十分だよ。地元でサッカーのコーチをしたり、家の仕事も結構あるんだよ」と、笑われていました。

それをお聞きして、私の仕事至上の思考を恥ずかしく思いました。

人それぞれの生き方があるのだと、当たり前のことをあらためて認識しました。この会話がきっかけで、どのように生きるかということも考えるようになりました。

すると、カラーバス効果です。

北九州市が作成した「いきいき生活のための地域デビュー手引書」(https://www.city.kitakyushu.lg.jp/files/000803224.pdf)という冊子が目に留まりました。

冊子の作成趣旨は、定年退職された方が自分の生きがいや、やりがいを求めて、地域での活動をスタートするための手引書です。地域デビューの活動の舞台は、自治会・町内会やまちづくり協議会等の地域団体、NPO・ボランティア団体とあります。

そして、「地域デビューのコツ、秘訣」が6つ挙げられています。以下、引用します。

①　出会いを楽しもう！

これから出会う常識を受け止めよう。出会いは新鮮な驚きを伴っています。自分の価値観や常識を押し付けなければ、新しい世界が広がりますよ。

②　自分の過去は捨てよう！
会社を離れればただの人。肩書や業績に固執せず、新しい世界を楽しみましょう。基本ルールは「対等平等」です。

③　女性は地域社会の大先輩！
ＰＴＡや自治会活動で、女性の方が先に地域デビューしていることが多いようです。地域のセンパイとして尊重し、頼れるところはどんどん頼りましょう。

④　できることより好きなこと！
好きなことでないと長続きしません。まずは「これなら汗をかける！」と思うものを見つけましょう。無理は禁物です。

⑤　まずは自分が動こう！
地域では「指示」ばかりの人は嫌がられます。言い出したことは、まずは自分で動いてみましょう。

⑥　人の話は最後まで聞こう！
これまでの経験から、人の話についつい口出ししてしまいたくなるかもしれません。

しかし、人の話をさえぎらないで最後まで聞くと、相手からも聞いてもらえますし、人間関係もいい関係が築けます。

常に「自分が、自分が」と主張するのではなく、各自がお互いを立てつつ活動しましょう。


過去にこのようなことを意識した場面を思い出しました。

転職の時です。

転職して新しい会社に入る時、私は、このような心持ちで臨んでいました。

転職の経験の無い方は、社内異動が似ていると思います。

新しい職場に行った時を思い出してください。

新しい職場には、一日も早く実績を上げて認めてもらおうという気持ちで臨みます。たとえ年長であっても、その組織では新人です。

誰かに指示する前に自分で動きます。

分からないことは先輩に聞いて教わります。全員が先輩ですから、年下の先輩もいます。

教えてもらうのに、年齢なんて関係ないです。

それから、教わる時は話を最後までちゃんと聞きます。

ビジネスで結果を出せば周りが認めてくれます。

その時に、必要なら過去の話をします。

手引書の地域デビューのコツが、職場デビューにも見事に当てはまります。


この姿勢は、地域デビューや職場デビューに限らず、仕事のあらゆる場面で有用です。

特に、

⑤　まずは自分が動く
②　自分の過去を捨てる
⑥　人の話は最後まで聞く
③　先輩を尊重し頼る

これらは、再雇用で同じ会社で働くにしても、転職して別の会社で働くにしても、業務委託でクライアントと一緒に働くにしても、起業してお客様と接する時も、意識して心掛ける姿勢です。

そもそも日常の職場のあらゆる場面、上司・部下の関係でも、先輩・後輩の関係でも心掛ける基本の姿勢だと思います。

この地域デビューのコツは、このようにあらゆる職場での年長者と若手の共存共栄にも活かせます。

一方、次の見方は年長者やシニアに対して雇用の現場で見聞きすることです。顧問先の人材派遣会社で、高齢者雇用の推進を担当しているメンバーの認識とも重なります。

●自分の主張を曲げない頑固な面がある
●仕事を教える際に気を遣う
●新しい仕事に対する意欲や好奇心が低く、新しい仕事をやりたがらない
●昔のやり方に固執して、新しいやり方を受け容れたがらない
●物忘れやミスが多く、作業能率が低下する

若い頃、私も年長者に対してこんなイメージがありました。

誰か特定の人を指していたわけではありません。

ところが、私自身が対象の年齢になってみてこれらがシニア層の代表特性とは到底思えません。個人に強く依存する特性ですが、シニアに対するステレオタイプな見方になっていると感じます。

ダイバーシティ&インクルージョンという考え方が広まって、性別、年齢、障害等の外面の属性や、価値観等の内面の属性に関わらず、それぞれの個を尊重し、認め合い、良いところを活かすことが広く受け容れられています。

その流れに乗って、経営方針に掲げる企業も増えています。ところが、高齢者の雇用に関しては、その理念と現場の意識のギャップが大きいと感じます。これは、製造業の生産本部長に就いていた私の肌感覚です。その原因の一つは、このステレオタイプのシニア像が浸透しているからのような気がします。

シニアに限りません。年長者の立場の皆さんは、このステレオタイプのシニア像・年長者像を反面教師として、前述した地域デビューのコツを参考にしましょう。それらを採り入れた人の周りでは、きっと変化が起きることでしょう。

どのように生きるかというテーマは、本書を書きながらずっと考えて来ました。新しい答えは出て来ませんでした。

私は今の生き方を続けます。

それは、前項で触れました「目の前の課題に精一杯対応する」この繰り返しです。それは、今この瞬間を自分らしく生きることでもあります。

おわりに

最後までお読みいただきありがとうございました。

2章の多くは、私がローム株式会社で体得したことです。

序章でも触れましたが、ヤマハからロームに移って驚きと共に感心したことです。慣れるのに少し時間を要したこともありましたが、やってみてその威力を実感しました。ロームのプロパーの皆さんは、そのやり方しか知らないので、その凄さに気付いていませんでした。

他社との比較ができて初めて凄さに気付けます。

私は、再びロームを外から見る機会を得ました。

あらためて、ロームの仕事の進め方の無駄の少なさ、つまり生産性の高さを感じました。

2章に書いたことは、突拍子もないことではありませんし、似たやり方も既に知られています。

肝心なことは、一人でできることは、とにかくやり続けることです。

やり続けて習慣にしてしまうことです。

一人だけではできないことは、チームぐるみで、職場ぐるみで、会社ぐるみでやらなくてはいけません。

あなたが、チームリーダー、課長、部長、社長であるなら、自分の部署でまず実行してみてください。

あなたが一社員であれば、上司を巻き込んで実行してみてください。

必ず効果が出ます。効果が出ているかどうかで、このスキルが身に付いたかどうかが判断できます。

こうして生産性の高い仕事の進め方を身に付けていただければ、あなたはできる人と評判になり、どこでも求められる人になったということです。

そうなれば、万一、職場が無くなるような事態になっても、あなたはどこでも活躍できるに違いありません。


人生100年時代、生涯現役と言われ、様々な働き方が模索されています。

これら様々な変化に先駆けて、皆さん一人ひとりが自分のキャリアに興味を持ち、自律的にキャリア開発することが重要です。

専門スキルは重要ですが、それ以上に生産性の高い仕事の進め方が大事だということ。

生産性の高い仕事の進め方は汎用スキルであり普遍性があります。

それに対して、専門スキルは陳腐化しやすいものです。

生産性の高い仕事の進め方を押さえておけば、専門スキルが必要になった時に短期間に習得できます。

中高年社員であろうが、私のようなシニアであっても、専門スキルが必要になれば学んで習得したら良いのです。

定年に向けた働き方については、皆さんがそれぞれに主体的に考えていただきたいです。会社員という立場は非常に恵まれています。多少の不満はあっても、そのレールに乗っていれば良いと、安直に考えている人が少なくないのが私の肌感覚です。レールというのは再雇用制度ですが、それしか選択できないのが現実です。

再雇用以外の選択肢を増やすことも、本書をきっかけに是非見直していただきたいと思います。

残念ながら正解は分かりません。

私も模索中です。

皆さまとは、本書をきっかけに意見交換や議論ができたら嬉しいです。私のホームページ（https://yamahalabo.com）に、是非、ご意見やご感想をお送りください。心よりお待ち申し上げております。

最後になりますが、私の人生初の出版にあたって、協力をいただきました多くの皆さまにお礼をお伝えしたいと思います。出版を現実のものに導いていただいたネクストサービス株式会社松尾昭仁社長と大沢治子様。本書の内容に興味を持っていただき、的確なアドバイスで出版まで導いていただいた自由国民社三田智朗副編集長。ありがとうございました。

会社が変わる度に住む場所が変わりました。「色々な土地を経験できて楽しい」と笑って支えてくれた妻広子に感謝。ありがとう。

２０２２年12月　63歳の誕生日に

山葉　隆久

■ 著者プロフィール

山葉 隆久（ヤマハ タカヒサ）

Yamaha Labo代表
経営支援アドバイザー
大阪大学産業科学研究所特任教授、光産業創成大学院大学招聘講師、工学博士
1959年浜松市生まれ。ヤマハ創業家の子孫。
78年浜松北高等学校、82年東北大学工学部卒業。
半導体エンジニアとして沖電気を経てヤマハに入社。98年東北大学で工学博士号を取得。99年ヤマハの半導体工場を買収したローム浜松法人に移り、2002年にローム本社に転籍。09年、49歳でローム取締役、翌10年に常務取締役に昇任し、創業者佐藤研一郎名誉会長の下、澤村社長に次ぐロームNo.2に。13年超円高による業績不振の責任を取り退任。その後、半導体関連会社2社の取締役を経て、新日本無線常務執行役員を21年末退任。
22年独立し、実務型顧問として活動開始。
大阪大学では、日本の半導体産業復活に繋がるプロジェクトに参画。また、仕事術の講演やシニアの働き方の研究を通して「働ける内は働きたい」を試行実践している。
●連絡先　Yamaha.Labo@mbr.nifty.com

誰とでもどこででも働ける　最強の仕事術

2023年３月６日　初版第１刷発行

著　　者　山葉　隆久

カバー＆イラスト　和全（Studio Wazen）
本文デザイン・DTP　株式会社シーエーシー

発 行 者　石井　悟
発 行 所　株式会社自由国民社
〒171-0033　東京都豊島区高田3丁目10番11号
電話　03-6233-0781（代表）
https://www.jiyu.co.jp/

印 刷 所　株式会社光邦
製 本 所　新風製本株式会社
編集担当　三田　智朗